AI 가상 융합 서비스

AI총서

인공지능 시대입니다. 기계가 인간의 인지를 대신하고, 사물이 인간을 통하지 않고 다른 사물과 직접 커뮤니케이션합니다. 이에 따른 인간 삶과 문명 변화를 정확히 이해·예측·대응하는 것은 이 시대 우리 모두의 과제입니다. AI총서는 인공지능 기술과 환경의 여러 주제를 10가지 키워드로 정리합니다. 관련 개념과 이론, 학계와 산업계의 쟁점, 우리 일상의 변화를 다룹니다. 인간과 기술의 현재, 미래를 세심히 분석합니다.

일러두기

- 인명, 작품명, 저서명, 개념어 등은 한글과 함께 괄호 안에 해당 국가의 원어를 병기했습니다.
- 외래어 표기는 현행 어문규정의 외래어표기법을 따랐습니다.

처음이세요?

전문가세요?

AI 가상 융합 서비스

장민승

대한민국, 서울, 커뮤니케이션북스, 2025

AI 가상 융합 서비스

지은이 장민승
펴낸이 박영률

초판 1쇄 펴낸날 2025년 11월 14일

커뮤니케이션북스(주)
출판 등록 2007년 8월 17일 제313-2007-000166호
02880 서울시 성북구 성북로 5-11
전화(02) 7474 001, 팩스(02) 736 5047
commbooks@commbooks.com
www.commbooks.com

ISBN 979-11-430-1270-8 03500

책값은 뒤표지에 표시되어 있습니다.

차례

AI, 가상 융합 서비스의 새로운 시작

가상 융합 서비스에 관한 관심도는 대표적으로 글로벌 '사용자 생성 콘텐츠(UGC, User Generated Contents)' 플랫폼 로블록스(Roblox)의 주식 가격 변동을 통해 알 수 있다.

2021년 코로나19 대유행 시기에 상장한 로블록스는 비대면의 일상화로 주목 받으며 140달러까지 상승했다가 대유행 해제 이후 가격 조정을 받은 뒤에, 현재는 플랫폼 내 AI 기능 신규 적용과 사용자의 수익 창출로 사용자가 다른 플랫폼으로의 이동을 어렵게 하는 잠금 효과(Lock-in effect)를 통해 다시 회복하고 있다.

로블록스처럼 투자 역량이 되는 기업들은 연구 개발을 통해 급격하게 식은 기대감을 빠르게 올릴 수 있지만, 초기 기업은 서비스 출시 자체에 역량을 집중하느라, 기획 단계에서 사용자의 효용성을 충분히 반영하기 어렵다.

즉 초기 기업은 코로나19라는 특수한 환경적인 요인에 기대어 단기적인 수익을 내기 위해 개발 자체에만 집중하다 보니, 자연히 사용자가 없어 뚜렷한 비즈니스 모델 설계도 불가능해져, 결국 서비스 운영을 지속하기 어렵게 되는 것이다.

게다가 투자자들도 단기간의 성과를 예상하기 힘들어 신기술을 기반으로 하는 가상 융합 서비스임에도 불구하고 주요 투자 분야에서 사라져, 초기 투자 유치가 중요한 초기 기업은 더 깊은 계곡에 빠지게 된다.

이러한 상황에서도 가상 융합 서비스는 다양한 형태의 데이터를 사용하여 개인화와 자동화가 가능한 AI가 본격적으로 주목 받으면서 실질적으로 구현할 수 있는 새로운 패러다임을 맞이하게 된다.

AI가 대중에게 본격적으로 인식된 순간은 2016년 알파고(AlphaGo)의 등장이라고 할 수 있다. 당시에만 해도 바둑은 스승을 통해 기술을 배우는 도제식 교육으로, 인간 고유의 창의성과 사고가 요구되는 영역으로 여겨지는 분야였다.

그래서 세계 최정상 바둑 기사와의 대결은 인류가 직면할 미래를 상징하는 장면처럼 다가왔고, 결과는 컴퓨터의 4승 1패 승리였다. 단순한 경기의 승패를 넘어서 AI가 인간의 고차원적인 사고 능력에 접근하는 순간을 목격한 것이라고 할 수 있다.

이후 몇 년간 AI는 테슬라로 대표되는 자율 주행, 아이폰 시리로 대표되는 음성 비서, 유튜브로 대표되는 추천 알고리즘과 같은 우리 일상 속 서비스로 빠르게 확산하다가 2022년 말에 오픈AI(OpenAI)가 챗지피티(ChatGPT)를 공개하며 혁신적인 전환점을 맞이하게 된다.

챗GPT는 수십억 개의 파라미터를 보유하고 방대한 양의 텍스트 데이터를 학습하여 인간과 유사한 수준으로 텍스트를 이해하고 정보를 처리할 수 있다.

그래서 질문의 의도에 맞는 답변을 정확하게 하거나 복잡하면서 긴 문서를 짧게 요약도 할 수 있고, 여기에 다양한 형태의 디지털 정보를 처리하고 통합할 수 있는 멀티모달 모델(Multimodal Model)을 통해 텍스트 이외의 형태로도 입력을 받고 생성할 수 있게 되면서 점점 더 인간과 비슷한 수준의 소통이 가능하게 된 것이다.

즉 인간의 오감을 표현하는 가상 융합 서비스에 사용자 맞춤 정보를 제공할 수 있는 AI가 활용되면 자연스러운 상호작용을 할 수 있게 된다는 것이다.

AI를 활용한 가상 융합 서비스의 진화

AI 기반의 가상 융합 서비스는 공간, 기기, 경제 세 가지 방면에서 진화할 것으로 전망된다(소프트웨어정책연구소, 2024.3.11).

먼저 공간적인 측면에서는 애플에서 혼합현실(MR, Mixed Reality) 기기인 '비전 프로(Vision PRO)'를 출시할 때 강조한 '공간 컴퓨팅(Spatial Computing)'이 대표적이다. 카메라로 주변 환경을 촬영해 보여 주는 '패스스루(Passthrough)' 기능으로 사용자는 현실 공간과 디지털 정보를 혼합하여 인지하게 된다.

공간 컴퓨팅은 MR 환경과 유사하게 현실 세계에 있는 사용자가 AI를 통해 디지털 정보와 상호작용 하는 것이다. 다시 말해 AI가 지능형 가상 융합 서비스를 구현하려고 다양한 센서를 이용해 수집한 데이터나 사용자가 입력한 정보로, 컴퓨터 비전(CV, Computer Vision) 기술을 통해 피사체를 인식하고 상황을 고려해 디지털 객체가 자연스럽게 표출되고, 사용자와 상호작용 하도록 실행하는 역할을 한다.

예를 들면 사용자의 손동작과 음성으로 하는 명령을 AI가 인식해서 실시간으로 물리적인 공간에 있는 사물을 동작하거나, 가상의 디지털 요소를 제어하여 적절한 크기로 조절하거나 위치를 옮기는 것이다.

이렇게 AI는 공간 컴퓨팅을 위해 공간과 상황을 인지하고 해석하여 반응하는 전 과정에 관여하기 때문에 사용자의 실제 행동과 의도를 이해하고 능동적으로 반응하는 지능형 가상 융합 서비스를 구현하는 데 중요한 요소라고 할 수 있다.

다음으로 디바이스 측면에서는 누구나 사용할 수 있도록 사용자 친화적인 사용 방법으로 보편성이 높아질 것이다.

가상 융합 서비스는 외부 서버가 필요 없고, 웨어러블 기기 자체에서 AI를 구현할 수 있는 온디바이스 AI(On-Device AI)에 방대한 데이터를 학습하여 대규모 언어 모델(LLM, Large Language Models)을 기반으로 다양한 형태의 자료 인식이 가능한 멀티모달 모델로 구현한다. 이렇게 되면 사용자의 편의성이 높아지게 되는데, 인간 본연의 방식대로 AI를 활용하면서 자연스러운 일상생활을 할 수 있게 되어서 최소한의 사용 방법만 익히면 된다.

마지막으로 경제적인 측면에서는 현실 공간과 가상공간이 결합 된 가상 융합 서비스를 기반으로 하는 경제적인 활동이 활발하게 이루어질 것이다.

지금도 2D 인터넷을 기반으로 하는 디지털 플랫폼을 통해 중개와 같은 일을 수행하고 그 대가를 받는 '플랫폼 노동자'가 있는 것처럼, 새로운 환경에 맞는 비즈니스 모델이 정착되어 아바타가 사용자를 대신하는 형태가 아니라, 사용자가 현실과 가상의 경계 없이 유기적인 활동을 통해 비즈니스 기회를 창출할 수 있는 것이다.

이렇게 AI를 활용한 가상 융합 서비스는 기존의 단순 기술 체험 수준을 넘어서, 실시간으로 사용자와의 상호작용을 통해 몰입감 있는 서비스를 제공하기 때문에, AI는 가상과 현실 세계 간의 상호작용을 촉진하는 가상 융합 서비스의 핵심기술이 될 것이다(소프트웨어정책연구소, 2025.4.30).

다시 말해 가상 융합 서비스는 AI를 통해 지능화뿐만 아니라, 개인화된 정보를 제공해서 인간 본연의 감각대로 서비스를 경험할 수 있도록 발전하고 인간과 디지털 환경이 자연스럽게 융합되는 새로운 경험을 창출할 것이다.

일상에서 함께하는 AI 가상 융합 서비스

4차 산업혁명이라는 거대한 변화의 물결은 우리 사회 전반에 '지능화'라는 키워드를 던졌다. 초기에는 빅데이터 기반의 분석이 중심이었지만, 지금은 인간처럼 사고하고 행동하며 가상과 현실 공간을 유기적으로 연결할 수 있는 시대가 되었다.

구체적으로 이러한 변화는 물리적인 현실 세계에 존재하는 사물을 실시간으로 가상공간에 복제하는 '디지털 트윈(Digital Twin)'으로 가치를 가지고 있는 상품이나, 가상공간에서 생성된 오브젝트를 통해 현실 세계와 연결하여 작동하는 가상 융합 서비스에서 가장 자연스럽게 나타나게 될 것이다.

이때 AI는 수집한 정보를 바탕으로 새로운 정보를 생성하고 사람의 의사 결정을 보조하는 지능적인 파트너 역할을 한다. AI 기반의 서비스는 현재 우리가 실제로 사용하는 스마트폰이나 태블릿 외에도 AR 글래스와 같은 디바이스에서 구현되어 인간과 기계 간의 협업 환경을 조성할 수 있게 될 것이다.

이러한 변화는 단순히 편리성 제공을 넘어서, 삶의 질이 향상되고 사회적 효율성 증가에 도움이 된다. 또한 고령자나 장애인을 위한 AI 보조 도우미, 지역사회 맞춤형 재난 대응 시뮬레이션, 교육 격차를 줄이는 가상 선생님과 같은 AI를 활용한 가상 융합 서비스가 공공복지가 필요한 영역에서 긍정적인 역할을 할 수 있을 것이다.

이 책에서는 우리가 일상에서 밀접하게 사용할 AI 기반의 가상 융합 서비스에 대한 기본적인 개념부터 진흥 정책까지 전반적으로 이해할 수 있도록 총 10장을 구성

했다.

1장, 'AI 시대의 가상 융합 서비스'에서는 AI와 가상 융합 세계 각각의 기본 개념을 살펴보고, AI 기반 사용자 맞춤형 서비스를 통한 경쟁력 확보의 필요성을 제시했다.

2장, 'AI와 가상 융합 서비스의 발전'에서는 초기의 가상 융합 서비스부터 지능화와 개인화를 할 수 있는 AI를 적용하여 상용화한 현재의 가상 융합 서비스까지 설명했다.

3장, '멀티모달 모델과 LLM'에서는 오감에서 느낄 수 있는 모든 형태의 입력을 통합 처리하는 LLM 기반의 멀티모달 모델에 관해 설명했다.

4장, '피지컬 AI'에서는 가상과 현실을 연결하는 핵심 매개체 역할을 기대하는 피지컬 AI에 관해 설명했다.

5장, '지능형 서비스를 위한 인프라'에서는 서비스뿐만 아니라 안정성과 실시간성을 보장할 수 있는 지능형 인프라의 필요성에 관해 설명했다.

6장, '생성형 AI와 콘텐츠 창작 자동화'에서는 제작 시간이 곧 비용인 콘텐츠 분야에서 생성형 AI를 이용한 창작의 자동화에 대해 살펴보았다.

7장, '사용자에 따른 서비스의 변화와 진화'에서는 기업-소비자 거래(B2C, Business to Consumer)에서부터 기업-기업 거래(B2B, Business to Business)까지 AI 가상 융합 서비스의 변화와 진화에 관해 설명했다.

8장, '책임 있는 서비스 운영을 위한 원칙'에서는 가상 융합 서비스 공급자가 소비자인 사용자에게 책임감을 가지고 신뢰를 줄 수 있는 기준과 원칙에 대해 살펴보았다.

9장, '배리어 프리 친화적 서비스'에서는 지속 가능성을 높이기 위한 배리어 프리 친화적 AI 기반의 가상 융합 서비스에 대해 살펴보았다.

10장, '가상 융합 서비스 진흥 정책 방향'에서는 현재까지 대한민국 정부에서 발표한 가상 융합 서비스 진흥 전략을 살펴보았다.

우리가 엑셀을 사용할 때 모든 기능의 원리를 알지 않아도 활용하듯, 머지않아 AI도 전 산업의 기본 도구가 될 것이다. 직관적인 인터페이스를 갖춘 가상 융합 서비스가 그 매개가 된다면, 사용자는 AI를 더 쉽게 활용하며 일상에 빠르게 확산할 수 있다.

이 책을 통해 전 국민이 AI와 가상 융합 서비스에 대해 이해의 폭을 넓히는 기회가 되길 진심으로 바란다.

참고문헌

소프트웨어정책연구소(2024.3.11). "메타버스의진화: 공간컴퓨팅과

AI융합".
https://spri.kr/posts/view/23687?code=data_all&study_type=issue_reports
소프트웨어정책연구소(2025.4.30). "가상융합 생태계 발전 방안 연구".
https://spri.kr/posts/view/23862?code=data_all&study_type=research

01
AI 시대의 가상 융합 서비스

AI가 우리의 일상과 산업 전반에 빠르게 확산하고 있다. 가상 융합 서비스는 코로나19 팬데믹으로 인해 사회적 거리 두기로 비대면 환경에서 주목 받았고, 대면 일상 복귀와 함께 이용이 줄어들고 있다. AI와 가상 융합 세계에 대해 살펴보고, AI 기반의 가상 융합 서비스가 일상화된 미래 모습을 그려 본다.

기후 위기와 인공지능?

AI 기본 개념: 데이터와 알고리즘

AI는 인류가 오랜 시간 축적해 온 탐구 방식과 의사 결정 과정을 컴퓨터가 모방할 수 있도록 만든 기술이기 때문에, AI를 만들기 위해 필요한 재료로는 학습 교재인 데이터(Data)와 학습 방법인 알고리즘(Algorithm)이 있다.

AI의 시작은 영국의 컴퓨터 과학자 앨런 튜링의 튜링 테스트(Turing Test)라고 할 수 있다. 테스트 과정은 간단하다. 텍스트로 대화하는 컴퓨터와 사람이 있다고 가정해 보자.

그 대화를 지켜보던 감독관이 진짜 사람으로 컴퓨터를 고르면, 해당 컴퓨터는 튜링 테스트를 통과한 것이고, 감독관이 컴퓨터와 사람 중에서 진짜 사람을 구분할 수 없다면 컴퓨터는 인간 수준의 사고 능력이 있다고 볼 수 있는 것이다. 물론 튜링 테스트를 통과했다고 하더라도 지능을 가졌다고 보기는 어렵지만, AI를 과학적으로 판별할 수 있는 범위로 가지고 온 점에서 그 의미가 있다.

최근 컴퓨터는 양자(Quantum) 기술이 향상되면서 정보 처리의 양과 속도 측면에서 발전을 기대하고 있다. 컴퓨터가 정보를 처리하는 최소 정보 단위인 비트(Bit)는 0과 1 가운데 하나의 값만 가질 수 있는데, 양자 컴퓨터는 양자 중첩(Superposition)으로 0과 1을 동시에 가질 수 있다. 즉 정보 처리 방식을 발전해서 지금까지와 다른 차원의 양자 AI로 기존의 AI 한계를 넘어서게 하는 방법인 것이다.

이 외에도 더 빠른 속도로 연산량을 높일 수 있는 그래픽 처리 장치(GPU, Graphics Processing Unit)를 사용하는 방법이 있지만, 양질의 데이터를 충분히 확보한 상태에서 해결하고자 하는 문제와 데이터에 적합한 알고리즘으로 학습하면서 AI 성능을 높이는 방법이 가장 근본이 되기 때문에 데이터와 알고리즘이 핵심이 된다고 할 수 있다.

구체적으로는 이를 위해 결측치(Missing Value) 삭제와 같이 데이터 전처리(Data Preprocessing)를 진행한 데이터로 기계 학습(Machine Learning), 딥러닝(Deep Learning)과 같은 알고리즘으로 학습한 다음에 실제 문제 해결에 적용한다.

그래서 앞으로도 유용한 데이터는 중요할 것이고, LLM과 같은 새로운 학습 알고리즘은 발전된 형태로 계속해서 개발될 것이다.

가상 융합 세계 기본 개념: 3D와 상호작용

가상 융합 세계(메타버스)는 "이용자의 오감을 가상공간으로 확장하거나 현실 공간과 혼합하여 인간과 디지털 정보 간 상호작용을 가능하게 하는 기술을 바탕으로 다양한 사회적 · 경제적 · 문화적 활동을 할 수 있도록 구성한 가상의 공간이나 가상과 현실이 결합한 공간"으로 정의된다(과학기술정보통신부, 2024.8.28).

먼저 사용자가 가상공간에서 오감을 느낀다는 것은 평면 영상에서 입체감을 인식한다는 의미로 볼 수 있다. 다시 말해 x축과 y축으로 이루어진 2D 디스플레이를 통해 본 영상을 z축 높이가 추가된 3D로 받아들인다는 것이다. 어떻게 그게 가능할까?

지금 읽고 있던 책을 가운데 내려놓고 손으로 왼쪽과 오른쪽 눈을 순차적으로 가려서 책을 바라보자. 책의 위치가 다르게 보일 것이다. 그 이유는 "3차원 영상에서 왼쪽 눈과 오른쪽 눈에 맺히는 영상의 차이"로 정의되는 양안시차(Binocular Parallax Disparity) 때문이다(한국정보통신기술협회).

즉 약 65mm 떨어져 있는 사람의 양쪽 눈 간격 차이로 인해 각각 다른 각도에서 책의 이미지를 인식하고, 뇌에서 양 눈에서 인식한 각각의 2D 책 이미지를 합쳐서 원근과 깊이를 인지하면 우리가 입체감을 인식해서 비로소 3D를 느끼게 되는 것이다.

다음 인간과 디지털 정보 간 상호작용을 한다는 것은 사용자의 동작과 위치 인식을 의미한다고 볼 수 있다. 다시 말해 3D 공간에서 움직일 수 있는 자유도(Degrees Of Freedom)와 현실 공간에서 거리를 측정해 지도를 작성하는 '동시적 위치 추정 및 지도 작성(SLAM, Simultaneous Localization and Mapping)'을 통해 사용자가 입력 데이터를 인식하여 상호작용을 가능하게 하는 것이다.

자유도는 전후 이동(Surge), 좌우 이동(Sway), 상하 이동(Heave)인 위치 변화(Translation)와 수평 흔들림(Roll), 상하 기울임(Pitch), 좌우 회전(Yaw)인 방향 변화(Rotation)까지 측정하는 6 자유도(6 DOF)가 대표적이라고 할 수 있다.

SLAM은 1개 카메라로 거리와 깊이를 계산하는 모노큘러 비주얼(Monocular Visual) SLAM, 여러 개의 카메라를 이용하는 스테레오 비주얼(Stereo Visual) SLAM, 깊이 측정 카메라를 이용하는 RGB-D 비주얼(RGB-D Visual) SLAM으로 구분할 수 있다.

가상 융합 서비스 현황

2020년 3월, 코로나19 팬데믹이 공식으로 선언되면서 전 세계가 비대면 서비스에 주목하게 된다. 그러면서 가상현실(VR, Virtual Reality), 증강현실(AR, Augmented Reality), 확장현실(XR, eXtended Reality), MR로 이어지는 가상 융합 기술 개념이 자연스럽게 '메타버스'라는 키워드로 전면에 내세워진다.

그렇지만 학교에서는 자체적으로 화상 대화 기반의 비대면 학습 관리 시스템(LMS)을 구축하거나, 기업에서는 상용 화상회의 솔루션 임차를 중심으로 재택근무를 시행하기 시작했다. 이렇게 3D 기반의 '메타버스'가 아니면 선도 기술이라고 평가 받기 어려웠던 것과 달리, 실제 시장에는 단순한 2D 기반 서비스가 주로 공급되고 있던 것이다.

2021년 10월, VR · AR 관련 행사인 '커넥트 콘퍼런스'의 기조연설에서 소셜 네트워크 서비스를 제공하는 '페이스북'이 현재의 '메타(Meta)'로, 2004년 창립 이후 처음으로 사명을 변경한다고 밝혔다. 이는 상징적으로 디지털 서비스 패러다임이 가상 융합 세계로 바뀌고 있음을 알 수 있는 사건이었다.

또한 2021년 기준으로 매출액이 19억 달러에 일일 활성 사용자(DAU) 수가 5410만 명에 달하는 글로벌 플랫폼 로블록스를 포함하여 포트나이트(Fortnite)의 실적이 가상 융합 산업 성장을 기대하게 했다.

4대 조사 기관의 가상 융합 산업 시장을 전망한 종합 자료에서도 2024년 744억 달러부터 1298억 달러까지의 범위에서 2030년 5078억 달러에서 1.2조 달러까지의 범위로 전망했다(소프트웨어정책연구소, 2024.12.27).

그런데 실제로 국내 VR · AR 산업 매출액은 2022년 1조 2395억 원에서 2023년 8248억 원으로 줄어들고, 수출액 또한 2510억 원에서 831억 원으로 급감했으며(소프트웨어정책연구소, 2023; 2024), 국내 대기업인 SK텔레콤에서 운영하는 가상 융합 소셜 네트워크 서비스 '이프랜드'는 2025년 3월로 종료가 되었다.

서비스는 고객의 기대를 충족하고, 그 과정에서 형성된 경험을 통해 만족과 가치를 제공하는 것이다(Parasuraman et al., 1988). 그러나 많은 가상 융합 서비스 공급자는 사용자 효용성을 고려하지 않은 채, 단순 체험형 서비스만을 일방적으로 제공하는 데 그쳤다.

AI 시대의 가상 융합 서비스와 미래 변화

AI 기반의 가상 융합 서비스가 우리 생활과 밀접하게 적용될 정도로 기술이 발전되고 안정적으로 정착된다면 어떤 변화가 있을까? 그 미래를 그려 본다.

2050년경 어느 날 아침, AI 렌즈가 침대에서 눈을 뜬 남자의 눈동자 움직임을 감지해 활성화된다. 남자는 누운 채 렌즈를 통해 여러 시각화된 정보를 확인한다. 전자시계가 수면 중 측정한 생체 데이터가 3D 스캔으로 아바타에 표시되고, AI는 실내외 기온과 일정까지 반영해 옷을 고른 아바타 모습을 보여 준다. 그런데 남자는 재택근무로 바뀌었다며 전자시계에 음성으로 재택근무에 적절한 옷을 다시 요청하고 다시 확인한 모습은 나쁘지 않다.

남자가 침대에서 일어나 씻는 동안에 가사도우미 로봇이 남자의 생체 데이터를 반영한 최적의 식단으로 식사가 준비된다. 남자는 아침 식사를 하다 보니 출근 시간이 가까워져 거실의 소파로 자리를 옮겨 이어폰을 귀에 착용하고서 렌즈를 통해 실제와 같은 가상 회의실에 선택한 옷을 입은 아바타로 접속한다. 회의실에는 회사로 출근해 실제로 자리에 앉아 있는 직원과 남자와 같이 재택근무를 하는 직원 모두가 섞여 있는데 구분이 되지는 않는다. 전자시계로 남자의 동작과 음성을 인식하고, AI 렌즈로 남자의 눈동자 크기와 움직임 그리고 진동을 감지한 데이터가 아바타에 반영되어 회의가 계속된다. 회의 중에는 AI가 대화 내용과 동료의 감정을 종합적으로 분석하여 해결 방안을 제시하고 회의록까지 정리해 준다.

나른한 오후, 남자는 휴게실에서 잠시 휴식을 취하고 있는데, 이탈리아 베네치아에서 여행 중인 아내와 아들에게 홀로그램 통화가 온다. 아내와 아들의 AI 렌즈를 통해 입력된 주변 환경 이미지와 인공위성을 통해 수집한 이미지가 결합되어, 곤돌라를 타고 있는 주변 환경과 함께 아내와 아들의 모습이 홀로그램으로 구현되며, 남자는 같은 공간에서 함께 시간을 보내고 있는 느낌을 받는다.

오후 근무를 마치고 남자는 퇴근 시간에 맞춰 가사도우미 로봇이 저녁 시간 당시 남자의 생체 데이터를 반영한 식단으로 준비한 저녁을 먹고서 씻은 뒤 침대에 눕는다. 하루의 피로를 줄이기 위해 AI 렌즈는 뇌파 안정화와 수면 유도를 위한 영상 콘텐츠를 일정 시간 표출한 뒤에 남자의 눈꺼풀이 내려오며 자동으로 꺼지면서, 수면에 최적화된 실내조명과 온도로 바뀐다.

참고문헌

과학기술정보통신부(2024.8.28). "가상융합산업진흥법". https://www.law.go.kr/%EB%B2%95%EB%A0%B9/%EA%B0%80%EC%83%81%EC%9C%B5%ED%95%A9%EC%82%B0%EC%97%85%20%EC%A7%84%ED%9D%A5%EB%B2%95/(20352,20240227

소프트웨어정책연구소(2023~2024). “[정보센터] VR/AR산업실태조사”. https://spri.kr/posts?code=stat_sw_vr_reports

소프트웨어정책연구소(2024.12.27). “국내 가상융합산업의 통계 현황 및 개선 방안”. https://spri.kr/posts/view/23805?code=issue_reports

한국정보통신기술협회 정보통신용어사전. “양안 시차”. https://terms.tta.or.kr/dictionary/dictionaryView.do?word_seq=037092-1

Parasuraman A. et al.(1988). SERVQUAL a multiple-item scale for measuring consumer perceptions of service quality. *Journal of Retailing, 64*(1), pp.12~40.

02

AI와 가상 융합 서비스의 발전

가상 융합 서비스라는 용어는 새롭지만, 개념 자체는 오래전부터 존재해 왔다. 다만 기술 수준의 차이로 체험 방식과 몰입감의 정도가 달라졌을 뿐이다. 초기의 가상 융합 서비스에서 시작해, AI를 적용해 지능화와 개인화를 구현한 현재의 서비스까지 살펴본다.

노래하는 AI 보컬?

가상 융합 서비스: 맞춤형 몰입 경험

가상 융합 서비스는 가상, 융합, 서비스 이렇게 세 가지의 단어가 나열되어 함께 사용된다. 각 단어의 사전적 의미를 살펴보자. 가상은 "사실이 아니거나 사실 여부가 분명하지 않은 것을 사실이라고 가정하여 생각함"이고, 융합은 "둘 이상의 요소가 합쳐져 하나의 통일된 감각을 일으키는 일"이며, 서비스는 "생산된 재화를 운반 · 배급하거나 생산 · 소비에 필요한 노무를 제공함"이라고 정의된다(국립국어원).

이 각각의 의미를 종합하여 가상 융합 서비스를 정의하면, 사실이 아니거나 사실 여부가 분명하지 않은 것을 사실로 가정해 생각하도록 서로 구별 없이 하나로 합쳐진 재화를 제공하는 것이라 할 수 있다.

특히 서비스는 파인과 길모어(Joseph Pine & James H. Gilmore)가 제시한 산업혁명 이후 새로운 경제가치의 핵심 개념으로 경험 경제에 대해 주목하고자 한다. 서비스는 기억에 남을 만한 개인화된 경험을 제공해야 한다는 것이다(Harvard Business Review, 1998).

즉 가상 융합 서비스는 사용자 맞춤형으로 몰입감 있는 경험을 제공할 수 있어야 한다.

가상 융합 서비스의 시작, VR·AR

가상현실과 증강현실은 디지털 정보 표출 범위를 PC와 스마트폰 화면에서 야외 공간까지 넓히기 때문에 관련 서비스를 체험할 수 있는 기기의 성능 발전이 중요하다.

VR은 헤드 마운티드 디스플레이(HMD, Head Mounted Display)를 통해 현실의 물리 세계와 단절된 상태에서 사용자를 디지털 영상 환경에 몰입하게 만든다. HMD의 원리는 눈앞에 바로 위치한 디스플레이 전체를 보기 위해 빛을 굴절해서 퍼뜨리는 볼록렌즈를 통해 보는 방식이다. 다시 말해 VR은 HMD로 외부 환경을 차단하고 렌즈를 이용해 사용자가 영상 속에 들어온 듯한 거리감과 몰입을 느끼게 한다.

VR 서비스는 사용자의 입력 데이터를 반영하는 일반적인 3D 서비스와 같지만, 사용자가 눈앞에서 표출되는 거대한 영상에 몰입하여 서비스를 이용하게 하려면 1인칭 시점으로만 제공해야 한다는 점이 다르다. 그래서 HMD에는 회전 속도 측정이 가능한 '관성 측정 장치(IMU, Inertial Measurement Unit)'가 있는데, 사용자의 별도 입력 없이 HMD를 착용한 상태에서 머리를 돌리면 영상에도 똑같이 적용된다.

이러한 시각 요소와 함께 HMD 움직임에 따라 왼쪽

귀와 오른쪽 귀에 소리가 각각 들어오는 시간 특징을 고려한 오디오와 VR 장갑과 같은 별도의 시뮬레이터와 연동을 통해 청각과 촉각 요소까지 제공하여 몰입감을 준다. 그렇지만 이러한 기능을 필수로 이용해야 하거나, 사용자의 효용성을 만족할 정도의 서비스는 부재한 상황이다.

AR은 일반적으로 전용기기인 AR 글래스보다 사용자가 많아질수록 가치가 증가하는 현상인 네트워크 효과(Network Effect)가 입증된 스마트폰 플랫폼을 통해 서비스를 출시했다. 여기에는 세 가지 요인이 있다고 할 수 있다.

첫째, 스마트폰이 AR 글래스의 필수 부품인 적외선 카메라를 탑재하고 있다는 점이다. AR은 카메라로 현실 공간을 스캔해 특정 위치에 3D 모델을 합성한다. 그러나 RGB 카메라는 정밀도가 낮아, 적외선 센서를 활용해 보완한다. 그래서 적외선을 발사해서 물리 공간의 객체에 맞고 돌아오는 시간(ToF)을 측정해 거리를 파악하여 실물과 3D 모델인 CG가 자연스럽게 합성되어 AR 서비스 구현에 어색하지 않은 서비스를 출시할 수 있게 되는 것이다.

둘째, 스마트폰 운영체제 개발사인 구글과 애플이 원

활한 AR 서비스 개발을 위해 '소프트웨어 개발 키트(SDK, Software Development Kit)'를 제공한다는 점이다. 이는 스마트폰 시장을 양분화하던 갤럭시와 아이폰이 해당 운영체제를 적용하고, 전용 SDK 제공을 통해 다른 대안으로 전환이 어려워지는 락인효과(Lock-in effect)로 이어지기 때문이다. 마지막으로는 스마트폰은 보급률이 높아 이미 사용자 수가 늘어나면서 스마트폰 사용에 대한 효용도가 늘어나는 네트워크 외부성(Network Externality)이 입증되어 비즈니스가 가능하기 때문이다.

물론 스마트폰은 AR 글래스와 같이 렌즈에 3D 모델을 효과적으로 표출하기 위해 반투명 거울을 이용하는 반사 방식과 홀로그램을 이용하는 회절 방식 등의 광학 기술을 고려하지 않아도 되는 기술적 난이도에서 차이가 있는 것은 분명하다. 그렇지만 그런 형식적인 차이점이 서비스를 이용하는 사용자에게는 중요하지 않다는 것도 분명하다.

진정한 가상 융합 서비스의 시작, MR · XR

MR과 XR은 가상과 물리 세계의 구분이 사라지는 궁극적인 가상 융합 서비스를 구현한다.

MR은 렌즈를 통해 현실 세계에 3D 모델 CG가 자연스럽게 합성되는 방식으로, AR 구현 방식과 유사하다. 그렇지만 MR은 현실 세계의 물리적 자극에 반응을 통해 상호작용해 AR보다 더 높은 몰입감을 준다.

MR이 구현되기 위해서는 현실 세계와 가상 세계가 일치하는 공간 매핑(Spatial Mapping) 작업이 선행되어야 한다. 적외선 센서와 같이 거리 측정이 가능한 부품이 창작된 MR 디바이스를 통해 실제 공간을 스캔하고, 측정 위치의 거리 데이터를 이용한다. 물론 AR도 3D 모델을 현실 세계에 표출하므로 공간을 인식하지만, MR은 사용자의 위치를 반영한 3D 모델의 위치를 세밀하게 조율이 가능한 서비스를 제공할 수 있다.

학계에서는 한 단계 더 나아가서 가상과 현실이 혼합되는 궁극적인 가상 융합 서비스 구현을 위한 많은 연구가 진행 중이다. 현실 세계가 가상 세계에 영향을 미치는 것처럼 가상 세계가 현실 세계에 영향을 미치는 양방향 상호작용을 가능하게 하는 연구가 그 중 하나다(Ochs & Sonderegger, 2022).

이 기술이 상용화가 된다면 드라마 〈알함브라 궁전의 추억〉과 같이 현실 세계의 피사체가 사용자를 공격할 때 실제 주변 사물들이 그 피해로 파괴되어 보이면서 현실 세계와 가상 세계 간의 진정한 상호작용이 가능해지는 것이다.

XR은 일반적으로 VR, AR, MR을 포함하는 용어로 사용된다. 특히 전통적 대중매체인 레거시 미디어(Legacy Media)에서 새로운 기술을 도입하여 콘텐츠를 제작할 때 많이 표현된다.

다수의 카메라로 스캔해서 3D로 구현하는 볼류메트릭 캡처(Volumetric Capture)로 바닥과 벽에 설치한 LED에 구현한 3D 가상 배경에서 카메라에 트래커(Tracker)를 부착해 움직임에 따라 배경이 함께 움직이면서 실제 공간에서 촬영하는 것과 같이 현실감 있는 영상을 제작하는 '인카메라 시각 효과(VFX, In-Camera Visual Effects)'가 있다.

다시 말해 XR은 현실과 가상을 융합하는 몰입형 서비스를 종합적으로 통칭하는 개념이다.

완전한 가상 융합 서비스를 위한 AI

가상 융합 서비스의 가장 큰 특징은 인간의 오감으로 제공된 정보를 경험할 수 있는 것이기 때문에, 시각화는 필수 기능이라고 할 수 있다. 그래서 AI 학습 방법으로 기계 학습(Machine Learning)이 유행할 시기에도 지도 학습(Supervised Learning)과 비지도 학습(Unsupervised Learning)으로 구분해 문제 해결에 집중되어 있어서 가상 융합 서비스는 어울리지 않았다.

그런데 딥러닝(Deep Learning)이 AI 개발에 주류가 된 이후로는 가상 융합 서비스에 본격적으로 활용되기 시작한다. 약 1400만 장의 이미지 데이터인 이미지넷(ImageNet)을 이용하는 대회에서 알렉스 크리제브스키(Alex Krizhevsky) 팀이 개발한 '합성곱 신경망(CNN, Convolutional Neural Network)' 기반의 딥러닝 모델인 알렉스넷(AlexNet)을 개발해 압도적인 성능을 보여 주며 딥러닝이 산업 전반에 걸쳐 관심을 받기 시작한다.

'자연어 처리(NLP, Natureal Language Processing)' 분야에도 딥러닝을 적용하여 음성 합성 기술이 빠르게 성장한다. 사람의 음성을 인식해 디지털 텍스트로 변환하는 '음성 텍스트 변환(STT, Speech to Text)'과 텍스트를 음성으로 변환하는 '텍스트 음성 변환(TTS, Text to Speech)'을 이용해 제공하고자 하는 서비스 도메인(Domain) 데이터로 학습하여 가상 인간과 대화가 필요한 영역을 시작으로 가상 융합 서비스에 AI를 적용하기 시작했다.

최근 개인이 학습 데이터의 범위를 지정하는 단계를

넘어서 대규모 데이터로 학습한 LLM이 주목 받으면서, 일반적인 AI의 성능은 LLM으로 높이고, 특정 도메인의 특징은 파인튜닝(Fine-tuning)으로 효율성을 높이는 방식을 취하고 있다.

또한 텍스트뿐만 아니라 다양한 형태의 데이터를 통합해 학습하는 멀티모달 모델 기반의 생성형 AI (Generative AI)로 대화 영역에서 벗어나 가상 융합 서비스를 구현하기 위해 필수인 시각화 영역까지 AI 활용이 확장된 것이다.

게다가 로봇과 같은 물리적인 하드웨어에 AI를 적용하는 피지컬 AI(Physical AI)를 통해 현실 세계와 가상 세계가 진정한 의미로 융합되어 상호작용 할 수 있는 서비스를 제공하는 모습까지 기대된다.

즉 AI는 완전한 가상 융합 서비스 구현을 위한 마지막 퍼즐이라고 할 수 있다.

참고문헌

국립국어원 표준국어대사전. "가상5".
https://stdict.korean.go.kr/search/searchView.do?word_no=383034&searchKeywordTo=3
국립국어원 표준국어대사전. "서비스".
https://stdict.korean.go.kr/search/searchView.do?word_no

=448962&searchKeywordTo=3

국립국어원 표준국어대사전. “융합”.
https://stdict.korean.go.kr/search/searchView.do?word_no=473637&searchKeywordTo=3

Harvard Business Review(1998.7). Welcome to the experience economy.
https://hbr.org/1998/07/welcome-to-the-experience-economy

Ochs, C. & Sonderegger, A.(2022). The interplay between presence and learning. *Frontiers in Virtual Reality, 3.*

03
멀티모달 모델과 LLM

AI는 기계 학습과 딥러닝에서 한 단계 더 나아가 LLM을 이용한 챗GPT로 개인 소비자의 업무를 혁신하며 상업화에 성공한다. 이제 개인에서 확장해 다중 사용자의 일상 경험 혁신을 이루기 위한 기술인 LLM 기반의 멀티모달 모델에 대해서 설명한다.

인공지능과 편향?

읽고 쓰고 듣고 말한다: NLP

NLP는 사람의 언어를 컴퓨터가 이해할 수 있도록 학습한 후에, 컴퓨터가 생성한 사람의 언어로 대화를 가능하게 한다. 가상 융합 서비스에서는 대표적으로 가상 인간인 '비플레이어 캐릭터(NPC, Non Player Character)'가 해당 서비스 이용 방법과 같은 특정 범위의 내용부터 자유 주제까지 이야기하는 방식으로 활용되고 있다.

이렇게 컴퓨터를 이용해 가상 인간을 포함하여 다른 사용자와의 상호작용을 가능하도록 읽고, 쓰고, 듣고, 말하는 능력은 어떻게 만들어지는 걸까? 일반적인 방법으로는 크게 텍스트 전처리, 텍스트 벡터화, 모델링, 성능평가 단계로 나눌 수 있다.

먼저 텍스트 전처리(Text Preprocessing)는 컴퓨터가 텍스트를 인식하고 분석이 가능한 구조로 만드는데, 언어의 가장 작은 단위인 형태소 등의 구분으로 나누는 토큰화(Tokenization)를 진행한다.

그리고 접속사와 같이 사람의 판단으로 의미가 없다고 생각하는 텍스트인 불용어(Stopword)를 제거하거나, 어간 추출(Stemming)과 같이 단어 원형으로 분석에 적합한 형태로 만든다.

다음은 정제된 텍스트 데이터를 숫자 형태로 변환하

는 벡터화(Vectorization)는 크기와 방향을 가진 수학적 개념으로 기계 학습에서는 다차원의 배열을 의미한다.

대표적인 방법으로는 0과 1로 이루어진 이진 벡터(Binary Vector)로 단어를 표현하는 원-핫 인코딩(One-Hot Encoding), 문서 내 특정 단어의 빈도수와 전체 문서에서 해당 단어의 등장 빈도의 역수를 활용해 단어의 중요도를 보는 용어 '빈도-역문서 빈도(TF-IDF, Term Frequency-Inverse Document Frequency)'가 있다.

다음으로 벡터화된 데이터를 이용하여 학습하는 모델링(Modeling)은 해결하려는 문제에 따라 적절한 모델을 선택하는데, 대표적으로 딥러닝의 병렬 처리와 같은 한계를 극복하고 혁신을 이룬 트랜스포머 모델이 있다(Vaswani et al., 2017).

이렇게 학습을 완료하면 정확도(Accuracy)와 같은 성능 평가(Evaluation)를 통해 확인한 후에 다시 모델링 단계로 돌아가서 모델이 매개 변수인 파라미터(Parameter)를 반복해 조절하며 가장 좋은 성능의 모델을 찾아간다.

보고 인지하고 판단한다: CV

CV는 컴퓨터가 카메라 또는 센서로부터 획득한 이미지와 영상 같은 시각적인 정보를 보고 상황을 인지하고 판단할 수 있게 하는 기술이다. 다시 말해 컴퓨터가 단순히 이미지를 저장하여 표출하는 것을 넘어서 어떤 피사체가 있는지, 어디에 위치하는지, 어떻게 움직이고 있는지, 어떤 상황에 있는지 스스로 판단할 수 있게 만드는 것이다.

이렇게 CV는 현실 공간에서 가상 융합 서비스를 구현하는 AR과 MR에서는 필수적인 기능으로, 어떻게 컴퓨터가 사람처럼 보고 인지할 수 있는 걸까?

일반적인 방법으로는 크게 전처리와 특징 추출로 구분할 수 있다. 먼저 전처리(Preprocessing) 단계에서는 이미지 또는 영상의 노이즈(Noise) 제거와 색 보정과 같이 분석에 적절한 데이터로 정제한다.

다음 특징 추출(Feature Extraction) 단계에서는 패턴과 모서리와 같이 특징적인 시각적 요소에 대해 분류(Classification)와 세분화(Segmentation)를 통해 컴퓨터가 객체와 상황을 인지하고 판단할 수 있게 한다.

특히 이미지에 필터(filter)를 적용하여 특징을 추출하여 연산하는 합성곱과 이미지의 크기를 줄이고 중요한 특징만 추출하기 위해 사용하는 다운샘플링 기법인 풀링(Pooling)을 이용하는 CNN 딥러닝 알고리즘이 CV에서 우수한 성능을 나타내 많이 사용된다.

자세히 설명하면, 합성곱 계층은 작은 크기의 필터를 사용하여 입력 이미지 전체를 스캔하면서 간단한 수준의 질감과 모서리와 같은 특징을 감지하는데, 계층이 깊어질수록 필터는 윤곽선과 같은 더 복잡한 특징을 학습한 다음에 최종적으로 이미지 내 객체 전체를 인식하는 것이다.

이러한 학습 구조 덕분에 CNN은 특징에 대한 사전 학습이 없어도 이미지에서 중요한 정보를 효율적으로 학습할 수 있게 된다. 또 다른 중요한 요소인 풀링은 이미지의 크기를 줄이면서 핵심적인 정보를 유지할 수 있게 한다. 이렇게 합성곱과 풀링 구조가 여러 층으로 반복되어 이미지 처리 과정을 만들어서 CNN은 계산량을 줄이는 동시에 모델의 견고성을 높이게 된다.

학습 방식의 혁신, LLM

LLM은 기존의 NLP 알고리즘과 비교할 수 없을 정도의 방대한 파라미터를 가진 인공 신경망 모델이다. 인터넷에 있는 텍스트 데이터로 학습해서 사용자의 질문에 답변을 하기도 하고, 번역을 하기도 하고, 심지어는 창작까지 사람이 텍스트로 표현할 수 있는 모든 것을 구현한다.

기술적으로는 트랜스포머 모델을 기반으로 해 병렬

연산이 가능하고 장기적으로 기억 가능한 학습을 효과적으로 할 수 있어서, 긴 문장이나 복잡한 문맥에서도 본래의 의미를 잃지 않고 요청한 사항에 맞게 처리할 수 있다.

메타의 라마(LlaMA)와 오픈AI의 GPT와 같이 상용화된 LLM 모델은 사용자가 서비스를 이용하면서 주고받는 데이터까지도 지속적인 학습을 하게 된다. 다시 말해 사용자가 서비스를 사용하면서 생성되는 데이터로 LLM은 끊임없는 학습이 가능하게 된다는 것이다. 개발자가 확보할 수 있는 데이터 범위 내에서만 학습해야 했던 기존의 NLP 알고리즘과의 차별점이 여기에 있다.

이렇게 데이터의 양적인 차이뿐만 아니라 학습 방식에서도 다른 전략을 취하는데, 특정 도메인에서 학습한 모델을 다른 도메인 문제에 적용하는 전이 학습(Transfer Learning)으로 지금까지 경험한 사항들을 바탕으로 새로운 상황에 놓일 때 해결책을 찾으려는 인간의 방식과 유사하다고 할 수 있다. 예를 들어 사람이 자전거 타는 법을 배워 탈 수 있게 되면 오토바이를 타는 법도 비교적 빠르게 습득할 수 있는 것과 같다.

기술적인 측면에서 다시 말하자면, LLM은 광범위한 범용 데이터로 사전 학습을 하는 과정에서 언어의 기본 구조와 의미 관계에 대해 학습한다. 이후 사용자는 특정 도메인의 문제에 맞춰 추가적인 미세 조정을 하는 파인 튜닝을 하게 된다. 그래서 LLM은 학습 데이터가 부족한 상황에서 해결책이 된다.

즉 사전 학습된 모델로 새로운 문제에 빠르게 적용하는 전이 학습을 통해 이미 학습된 LLM의 언어 능력을 바탕으로 효율적인 비용과 시간으로 새로운 도메인에서 새롭게 제공하는 서비스에 반영할 수 있는 것이다.

패러다임 변화의 시작, 멀티모달 모델

멀티모달 모델은 한정된 텍스트와 오디오 데이터를 다루는 자연어 처리, 한정된 이미지와 영상 데이터를 다루는 CV 기능을 활용해 방대한 규모의 텍스트 데이터를 다루는 LLM으로 구현한다.

기존 방식은 서비스 기능별로 각각 개발한 다음에 전체 기능을 통합하는 파이프라인을 구축하는 것이었지만, 멀티모달 모델은 인간의 인지 구조에 가까운 상호작용을 통해 다양한 형태의 콘텐츠를 생성한다.

즉 멀티모달 모델은 형태와 무관하게 자연스러운 상호작용을 통해 사용자 경험을 단순한 입력과 출력의 방식에서 맥락을 기반으로 하는 대화형 인터페이스 방식으로 전환하며, 궁극적으로 멀티모달 모델을 통해 AI가 UI와 UX를 구현하는 데 핵심 요소임을 의미한다.

특히 서비스 개발 측면에서는 혁신적인 변화를 맞이하게 되는데, 그동안에는 텍스트 요약과 이미지 생성과 같은 각각의 기능에 대해 개별로 모델을 호출해야 했다. 그렇지만 멀티모달 모델은 단일 호출로 다양한 형태의 입력을 동시에 처리하고 통합된 출력을 생성할 수 있으므로 개발 복잡도가 크게 줄어드는 것이다.

멀티모달 모델은 AI의 도움을 받으며 프로그래밍하는 바이브 코딩으로 비개발자의 진입 문턱이 낮아진 것처럼, 비전문가도 복잡한 형태의 서비스로 개발하여 제공할 수 있는 기반이 된다. 즉 고품질의 지능형 인터페이스를 빠르게 구현할 수 있는 시대가 열리고 있다고 볼 수 있다.

무엇보다 사용자가 명령하지 않아도 입력 데이터는 이미 계속해서 수집하고 있어서 개인의 상황에 맞춘 콘텐츠를 체험할 수 있다는 점 때문에 멀티모달 모델은 UX를 확장하는 새로운 기준을 제시한다고 할 수 있다.

멀티모달 모델은 단순히 기술적 진보를 넘어서 인간과 컴퓨터 간의 소통 방식을 변화하는 전환점으로, 앞으로의 가상 융합 서비스는 사용자 의도와 상황을 다중 채

널로 인식하고 해석하여 단일 입력에 의존하지 않는 통합적 지능을 요구하게 될 것이고, 기술 중심의 개발에서 경험 중심의 기획이 비즈니스의 승패를 가릴 것이다.

참고문헌

Vaswani, A. et al.(2017). Attention is all you need. *Advances in Neural Information Processing Systems, 30*, pp.5998~6008. arXiv:1706.03762v7.

04
피지컬 AI

현실 세계는 물리 공간이다. 눈으로 볼 수 있고 피부로 느낄 수 있는 물리적인 하드웨어가 있어야 존재하고 인지할 수 있다. 소프트웨어인 가상 융합 서비스가 가상 세계에만 머무르지 않고, 현실 세계에서 실질적으로 활용되기 위해서는 로봇과 같은 하드웨어와의 결합이 필수다. 가상과 현실을 연결하는 핵심 매개가 될 피지컬 AI에 관해 설명한다.

청각장애인과 AI?

현실과 가상을 연결하는 실질적인 매개체

세계 최대의 소비자 가전 박람회(CES, Consumer Electronics Show) 2025 기조연설에서 엔비디아 최고경영자인 젠슨 황은 "AI의 다음 개척 영역은 피지컬 AI(Physical AI)"라고 밝히면서 AI가 컴퓨터에서 했던 사고와 판단에 관한 결과를 현실 세계에서 물리적인 행위로 표출하는 피지컬 AI의 시대로 들어서고 있다고 설명했다.

피지컬 AI에 대한 정의는 아직 없지만, AI가 물리적인 실체 안에서 구현되어 현실 세계를 인식하고 자율적으로 판단과 행동함으로써 환경과 유기적으로 상호작용할 수 있는 시스템(소프트웨어정책연구소, 2025.5.13)이라고 할 수 있어, 사용자 경험을 확장하는 매개체임에는 분명해 보인다.

가상 융합 서비스에서 멀티모달 모델로 시각화된 통합적인 정보를 이전보다 쉽고 빠르게 제공할 수 있는 환경이 마련되는 것처럼, 우리 주변에서 볼 수 있는 하드웨어에 멀티모달 모델 기반 AI 소프트웨어가 설치된 피지컬 AI를 통해 HMD로 대표되는 착용형 하드웨어에서 벗어나 현실과 가상을 연결하게 될 것이다.

현실 세계를 인지하고 판단하는 SDV

아직 완전한 피지컬 AI 하드웨어나 멀티모달 모델 기반의 가상 융합 서비스가 상용화되지 않았지만, '소프트웨어 정의 차량(SDV, Self Driving Vehicle)'은 사전에 저장된 정보와 비교하여 상황을 인지하고 판단하여 물리적으로 현실 세계에 반영한다는 점에서 가상 융합 서비스와 상당히 유사하다고 할 수 있다.

특히 여러 센서로 취득한 데이터를 클라우드에서 차량 간 통신(V2V)과 같은 복합적인 기술로 통합하여 처리하면서 SDV는 가장 빠르게 피지컬 AI를 구현하는 분야가 되고 있다. 가상 융합 서비스에 적용하는 것을 고려하며 SDV에 대해 살펴보자.

SDV는 자동차 스스로 주변 환경을 인식하여 위험을 판단하고 주행 경로를 계획하거나, 운전자의 주행 조작을 최소화하고 스스로 안전 주행이 가능한 자동차를 말한다(조희영, 2018).

즉 SDV는 단순한 이동 수단이 아니라 현실 세계를 카메라와 센서를 통해 파악하고 데이터로 인지하고 AI 알고리즘으로 상황을 판단하여 물리적인 하드웨어로 반응하는 AI 시스템이라고 할 수 있다.

SDV의 특징은 크게 정밀 측위, 주변 인지, 판단과 제어, 원격 통신까지 4개로 구분할 수 있다. 먼저 정밀 측위는 SDV가 정확하게 판단하고 차량을 제어하기 위해서 현재 위치를 정밀하게 인지하는 것이다. 많은 분야에서 사용하고 있는 지피에스(GPS, Global Positioning System)만으로는 상용화하기에 오차가 크기 때문에 다른 방법이 필요하다.

실시간으로 GPS에 보정 정보를 제공해서 센티미터 수준의 위치 정밀도를 확보하는 위성 위치 측정 기술인 '실시간 키네마틱(RTK-GNSS, Real Time Kinematic Global Navigation Satellite System)'이 있다.

또 다른 방법으로는 레이저 빛을 이용해서 주변 물체까지의 거리와 형태를 측정하는 방식의 라이다(LiDAR) 센서와 같은 기기를 활용해서 미리 만든 고정밀의 3D 지도를 참고하여, 차량의 위치 인식 정밀도를 높이고 복잡한 교차로나 터널에서도 안정적인 주행을 가능하게 한다. 이때 공간을 스캔하여 저장한 지도와 비교해 차량의 현재 위치를 파악하는 맵 매칭과 로컬라이제이션(Localization) 기술이 중요한 역할을 한다.

SDV가 주변을 인지한다는 건 현실 세계를 감지하고 해석한다는 의미인데, 사람의 시각과 청각 능력과 같다. SDV는 주행 환경을 실시간으로 인지하기 위해 다양한 센서를 활용하고, 객체를 탐지하여 분류하는 AI 알고리즘을 통해 주변의 차량과 신호등과 같은 각종 도로 요소를 식별한다.

센서는 대표적으로 카메라, 레이더, 초음파와 같이 여러 종류가 있으며, 각각의 장단점을 보완하기 위해서 함께 사용한다. 카메라는 고해상도의 영상을 확보할 수 있는 반면에 빛에 민감하고, 레이더는 기상 악화에 강하지만 세부 피사체에 대한 식별력이 떨어지기 때문에 두 센서를 결합하면 정밀한 주변 정보 수집이 가능하다. 수집된 데이터는 CNN과 같은 딥러닝 기반의 모델을 통해 실시간 객체 탐지와 분류 같은 문제를 해결한다.

이러한 AI 기반의 인식 시스템은 도로 조건, 기후, 시간대와 같은 학습 데이터의 다양성과 품질에 따라 성능이 크게 달라지지만, LLM 덕분에 이 부분도 해결할 수 있게 되었다.

특히 GPS가 불안정한 상황에서는 라이다를 이용해 입력 받은 영상 데이터를 활용하여 차량 주변의 지도를 생성하고, 동시에 자신의 위치를 추정하는 SLAM을 활용할 수 있다.

SDV가 판단과 제어를 한다는 의미는 차량이 주변 환경을 인지하고 자신의 위치를 파악한 후에 가장 적절한 주행 경로를 결정하고 실행한다는 것인데, 이때도 사람이 지금처럼 판단하고 조작하는 행위를 AI가 수행하는 고차원적 기능을 포함한다.

세부적으로는 경로 계획, 행동 결정, 운동 제어로 구분할 수 있다. 먼저 경로 계획은 차량의 주행 목적지까지의 최적 경로를 계산하는 것으로, 실시간 교통 상황과 속도 제한과 같은 요소들을 고려해 안전하고 효율적인 경로를 알아낸다.

다음으로 행동 결정은 단순히 경로 생성 외에도 차량은 급작스러운 도로 위 상황에 따라 정지하거나 차선을 변경하거나 심지어 추월해야 하는 선택을 하기도 하는데, 이런 결정을 내릴 수 있는 AI를 이용한다는 것이다.

마지막으로 SDV가 원격 통신한다는 의미는 기본적인 판단은 해당 차량의 AI가 수행하지만, 정밀하고 안전한 자율 주행은 외부 기반 시설이나 주변 차량과 정보 교환을 통해서 구현한다는 것이다.

즉 자율 주행 시스템의 핵심 기능이라고 할 수 있는 상황 인식과 경로 계획과 같은 주행 제어와 관련하여 단일 차량의 센서 정보만으로는 한계가 있어, 외부 환경과의 동적 연결을 통해 그 한계를 극복하려는 기술적 진보를 위한 노력을 하고 있는 것이다.

SDV 원격 통신은 '차량 사물 통신(V2X, Vehicle to Everything)'이라고 할 수 있으며 세부적으로는 차량, 기반 시설, 네트워크처럼 다양한 요소와 연결된다. 차량별로 AI의 한계를 보완하고, 자율 주행의 정확성과 안전성을 획기적으로 높이며, 기술적 진화를 넘어서 도시 전체의 모빌리티(Mobility) 체계를 네트워크로 연결하고, 스마트시티와 연계된 통합 교통 기반 시설을 구성하는 핵심의 축으로 작용할 수 있다.

SDV는 차량 고도화뿐 아니라 지능형 교통 인프라와 실시간 연결을 통해 교통 시스템의 효율성과 안전성을 극대화하는 방향으로 발전하고 있다. 이 과정에서 차량은 수집한 데이터로 AI 분석까지 결합한 지능형 플랫폼으로 변화하며, 피지컬 AI로 구현될 가상 융합 서비스를 위해 필요한 기술 요건과 유의 사항을 먼저 확인하는 기회가 된 것이다.

퍼스트 무버: 피지컬 AI, 가상 융합 서비스

AI는 단순한 소프트웨어 알고리즘을 넘어서 물리적인 물체와 결합하여 현실에 실현되는 실체로 진화할 것이다. 지금까지의 AI는 온라인 공간 안에서 판단하고 실행했지만, 피지컬 AI를 통해 현실 세계로 확장하게 되는 것이다.

피지컬 AI는 물리 공간인 현실에 디지털 정보를 실현하기 때문에 ,데이터 추출과 분석, 기계 제어와 동작까지 소프트웨어와 하드웨어가 융복합적으로 통합되어 차세대 지능형 기술을 구현한다.

즉 피지컬 AI는 기술적인 진보를 넘어서 행동하는 AI로서 완전히 새로운 기술의 행태이기 때문에 막대한 자금력이 있는 글로벌 선도 기업들은 이미 하드웨어 로봇 시장을 중심으로 시장을 선점하려는 모습이다.

가상 융합 서비스 분야도 마찬가지다. 사용자가 서비스를 경험하기 위한 하드웨어인 HMD와 AR 글래스 시장 또한 메타와 애플을 중심으로 출시가 이어지고 있고, 피지컬 AI의 기술 성숙도가 높아지면 가상 융합 서비스가 시장에 가장 먼저 제공될 것이다.

실시간으로 가상의 정보를 현실에 표출하는 피지컬 AI의 특성이 곧 가상 융합 서비스인 것도 있지만, 무엇보다 기본적으로 구현되어야 하는 기술적인 한계로 인한 사용자 편의성이 낮아지지는 않을 것이기 때문이다.

그래서 아직 초기 단계에 있는 피지컬 AI 기반의 가상 융합 서비스에서는 경쟁자보다 빠르게 시장에 진입하여 시장 점유율, 브랜드 인지도와 같은 이점을 얻는 퍼스트 무버(First Mover) 전략을 실행해야 한다(Lieberman & Montgomery, 1988).

피지컬 AI와 가상 융합 서비스의 결합으로 산업 구조가 혁신되고 인간 생활 방식이 근본적으로 변화하는 핵심 전환점이 될 것이다.

시장을 선도하는 퍼스트 무버가 되는 기업과 국가를 중심으로 가상 융합 산업을 독점하는 것뿐만 아니라, 전 산업에 일반적으로 적용되는 의사 결정과 같은 핵심 역량에 대한 부분까지 영향을 끼칠 수 있다.

결국 피지컬 AI는 가상 세계의 지능을 현실에 투영하는 기술로, 현실 세계의 효율성을 극대화하는 방향으로 발전할 것이다. 그래서 일상생활의 편의성과 밀접하게 연결되어, 충실한 고객을 확보할 수 있는 퍼스트 무버 전략이 중요하다.

참고문헌

소프트웨어정책연구소(2025.5.13). "피지컬 AI의 현황과 시사점". https://spri.kr/posts/view/23873?code=issue_reports

조희영(2018). "미래의 자동차 기술, 자율주행차". 《건축과사회》, 31, 78~82쪽.

Lieberman, M. B. & Montgomery, D. B.(1998). First-mover (dis)advantages: Retrospective and link with the resource-based view. *Strategic Management Journal, 19*(12), pp.1111~1124.

05
지능형 서비스를 위한 인프라

가상 융합 서비스가 상용화되기 위해서는 대용량의 데이터를 초저지연으로 처리할 수 있는 인프라 지원이 필요하다. 특히 AI를 활용하여 개인화된 서비스를 제공할 때는 정보 보호에 대한 중요성이 더 강조되는데, 지능형 서비스를 안정적으로 운영하기 위한 인프라에 대해 살펴본다.

AI 콘텐츠 크리에이터?

AI 기반 가상 융합 서비스를 위한 기반 조성

서비스에 대한 접근성을 높이기 위해서는 사회 기반 시설이 필수로 조성되어야 한다(Weill & Broadbent, 1998; Qiang et al., 2009).

AI를 중심으로 디지털 전환이 본격화되면서 전 산업에 가상 융합 서비스를 적용할 때 중요한 점은 효율적으로 서비스를 운영할 수 있도록 설계하는 것이다.

특히 여러 기술이 통합하여 운영되는 가상 융합 서비스의 특성에 따라 개별 앱이나 기능 수준이 아닌 사용자의 개인정보를 보유하게 되는 플랫폼 관점에서 정부와 민간이 함께 동일한 규격의 사회 기반 시설을 유기적으로 연결하여 작동하기 위한 면밀한 협의가 필요하다.

AI 기술이 발전하면서 최근에는 기존의 사회 기반 시설에 직접 AI를 적용하는 방식으로 지능형 소프트웨어를 구현함으로써 기술적 진보를 이루려고 하고 있다.

지능형 가상 융합 서비스 운영을 지원하는 사회 기반 시설의 핵심 기능으로 역할을 하는 AI 기반의 신경 처리 장치(NPU, Neutral Processing Unit), 사물 인터넷(IoT), 글래스에 대해 알아본다.

지능형 연산을 위한 NPU

대용량의 데이터를 실시간으로 처리해 가상과 현실 간 상호작용을 하면서 개인화된 서비스를 제공하기 위해서는 기존의 GPU 기반의 시스템은 한계를 보인다. 이를 보완하기 위해서 NPU를 핵심 연산 자원으로 주목하고 있다.

GPU는 대규모의 병렬 연산을 요구하는 그래픽 처리 목적으로 개발된 프로세서다. 특히 GPU는 병렬 코어를 활용해서 학습과 추론하는 딥러닝 알고리즘인 알렉스넷이 뛰어난 성능을 보이면서 주목을 받기 시작했다.

NPU는 인공 신경망 구조를 하드웨어에 내장한 딥러닝 연산에 최적화된 연산 유닛이다. 다시 말해 합성곱, 완전 연결 계층(Fully Connected Layer), 활성화 함수(Activation Function)와 같은 신경망 구성 요소를 전용 하드웨어 블록(Block)으로 구현한 것인데, 이렇게 특화된 구조 덕분에 NPU는 GPU에 비해 에너지 효율성이 높아 딥러닝을 이용한 연산 작업에 대해 상대적으로 더 빠른 응답 속도를 제공할 수 있게 되는 것이다.

특히 NPU는 정형화된 네트워크 구조에 최적화되어 있어서 시스템 온 칩(SoC, System-on-Chip) 형태로 하드웨어에 탑재하여 저전력 상태에서 연산이 가능하다.

일정한 성능, 하드웨어 휴대성과 함께 배터리 소모를 최소화한다는 점에서 가상 융합 서비스에 적합하다고 볼 수 있다.

그렇지만 모든 것을 NPU가 해결해 주지는 않는다. NPU는 신경망 층을 하드웨어로 구현하기 때문에 GPU보다 빠르고 효율적인 만큼 유연성이 낮다. 사용하려는 모델이 NPU가 가지고 있는 신경망 층을 지원하지 않는다면 결국 다시 GPU를 사용해야 한다. 이러한 특성 때문에 NPU는 주로 추론 작업이 필요할 때 적절하며, 복잡한 학습이 필요한 부분에서는 여전히 GPU가 더 나은 선택지가 될 수 있다.

결국 NPU가 일정 수준 이상의 성능을 보여 줄 수 있는 기술 고도화가 있기 전까지는 GPU와 NPU를 함께 사용해야 한다는 것이다.

다시 말해 고성능의 GPU를 사용하는 모델이 NPU에서 추론까지 할 수 있도록 설계해야 하며, 이러한 구조는 가상 융합 서비스의 처리 속도를 높여 사용자 편의성을 높일 수 있다.

지능형 IoT

현실 세계인 물리 공간과 가상공간을 연결하기 위해서

는 IoT가 연결 고리 역할을 하며 디지털 트랜스포메이션을 이룰 수 있다(정보통신기획평가원, 2021).

가상 융합 서비스는 단순 체험형에서 벗어나 전 산업과 사회 전반에 실질적인 경제적 가치를 제공하는 실용적인 서비스로 진화하고 있어서, 기술적으로 대용량의 데이터를 지연 없이 실시간으로 수집한 뒤에 분석과 판단하는 시스템이 필요한데, 지능형 IoT가 그 역할을 할 수 있다.

지능형 IoT는 카메라, 센서와 같은 기기로 방 안의 조명과 같은 사물뿐만 아니라, 사용자 개인의 생체까지 물리적인 현실 세계에서 수집할 수 있는 데이터에 대해 분석한 다음에 의사 결정과 실제 실행까지 가능한 기술이다.

다시 말해 연결에 집중된 기존의 IoT 기능을 넘어서, AI를 활용하여 기기 자체에 학습과 판단 능력까지 부여하는 것이다.

기본 구조는 센싱 디바이스(Sensing Device), 에지 컴퓨팅(Edge Computing), 클라우드, AI로 구분할 수 있다.

센싱 디바이스는 온도와 음성 같은 다양한 정보를 수집하고, 자체 컴퓨팅 자원으로 가공한 다음에 에지 컴퓨팅으로 지연을 줄여 실시간성 확보와 함께 클라우드와 연결하여 고차원의 분석과 추론을 하게 된다.

이러한 일련의 과정은 효율성과 응답 속도 측면에서는 큰 장점이지만, 개인정보를 다루면서 다수의 사용자가 실시간으로 연결되어 있어 보안에 취약한 환경에 놓이게 된다. 그래서 무엇보다 개인정보 보호를 위한 구조적 설계가 중요한 것이다.

특히 에지 컴퓨터와 대용량 클라우드 간의 연동 과정에서 많은 데이터가 양방향으로 오가기 때문에 종단 간 암호화, 전송 계층 보안(TLS), 사용자 단말과 서버 간 상호 인증 기반의 접근 제어와 같이 통신 경로에 대한 암호화와 접속 인증 체계가 안정적으로 운영되어야 한다.

최근에는 데이터 탈취나 위 · 변조 위험을 줄이기 위해 동형 암호와 차등 개인정보 보호 기술이 주목받고 있는데, 기술 발전과 함께 진화하는 위협에 대응하기 위한 보안 기술 발전도 동반되어야 한다.

서비스 확산을 위한 AI 글래스

가상 융합 서비스는 디바이스가 있어야지 이용할 수 있는 필수 조건이 있어, 가능한 일반 소비자들이 디바이스를 많이 보유하고 있으면 유리하지만, 실제로 2024년 기준으로 일반 사용자가 구매하는 HMD 판매 수량은 2023년과 대비해 8% 감소하여 2190만 대에 그쳤다(Omdia, 2024).

그렇지만 아이러니하게도 메타, 애플 그리고 VR HMD를 생산했다가 멈췄던 삼성까지 디바이스 시장에 새로운 제품을 앞다투어 출시하고 있는데, 지금 당장의 구매력이 낮아 투자 수익률이 저조하더라도 지속해서 신제품을 출시한다는 것은 멀티모달 모델 AI가 탑재된 가벼운 AR 안경 형태로 하루 동안 사용해도 불편하지 않은 디바이스가 산업의 판도를 뒤엎는 파괴적 혁신(Disruptive innovation)을 일으킬 것으로 예상하기 때문이다(Harvard Business Review, 1995).

현재까지 출시되었거나 예정인 대표적인 주요 AI 글래스로는 메타의 오리온 AI 글래스(Orion AI Glasses), 삼성의 무한(Moohan), 애플의 비전프로(Vision Pro)가 있다.

먼저 메타의 오리온 AI 글래스는 일반적인 안경처럼 보이는 디자인에 100g 미만의 경량성이 특징이며, 무엇보다 빛을 이용해 3D를 표출하는 홀로그래픽 디스플레이, 별도의 손목 밴드를 통해 손목 근육의 전기 신호를 감지하여 신경을 추적하는 핸즈프리, 무선으로 외부의 컴퓨터에서 연산하는 기능이 주목된다.

다음 삼성의 무한은 출시 예정인 디바이스로 구글과 협력해 안드로이드 OS 기반의 AI 비서 제미나이(Gemini)를 이용하고, AR과 VR 전환이 사용자의 제스처를 인식하여 단순한 터치로 이뤄지게 할 예정이라고 밝혔다.

마지막으로 2024년 출시한 애플의 비전 프로는 공간 컴퓨팅 키워드를 가져갈 정도로 공격적인 마케팅을 했다. 특히 영상 통화 서비스인 페이스타임(FaceTime)과 같이 기존 애플 생태계에서 할 수 있는 기능과 연계하여 충실한 고객층과 함께 신규 이용자를 유입하려는 전략이 주목된다.

이렇게 글로벌 빅테크 기업을 중심으로 새로운 AI 글래스 출시가 이어지고 있지만, 지능형 가상 융합 서비스가 일상에 확산이 되기 위해서는 단순한 기술 혁신뿐 아니라 사용자 친화적인 디바이스 설계에 대해 고려하는 것이 중요하다.

먼저 경량화다. 디바이스가 무겁고 불편하면 구매력에서 떨어지기 때문에 일상에서 착용하는 안경과 같이 사용자가 지속해서 사용할 수 있도록 가벼우면서도 세련된 디자인이 중요하다.

또한 외부에서 이동하면서 사용하기 때문에 지속적인

전력 공급을 위한 대용량의 배터리도 필수로 제공되어야 하며, 이미 파괴적 혁신을 이뤄 낸 스마트폰과 클라우드와 기술적 연동을 하는 것이 좋다.

그리고 사용자의 시선과 함께 몸짓과 심장 박동수 같은 데이터를 통해 비접촉식 인터페이스를 구현하면 편의성을 높일 수 있으며, AI 기반의 서비스는 개인화가 안정적으로 관리되는 개인정보 보호 기술도 함께 요구된다.

결국 디바이스는 일회성 체험용 기기를 넘어서 사용자가 일상생활에서 자연스럽게 실제 사용이 가능한 수준으로 편의성을 최우선으로 고려해 관련 기술이 안정적으로 운용되는 것이 중요하다.

참고문헌

정보통신기획평가원(2021). "주간기술동향".
https://www.iitp.kr/kr/1/knowledge/periodicalViewA.it

Samsung Newsroom(2024). "갤럭시 AI로 무한 확장하는 새로운 XR의 세상".
https://news.samsung.com/kr/%EA%B0%A4%EB%9F%AD%EC%8B%9C-ai%EB%A1%9C-%EB%AC%B4%ED%95%9C-%ED%99%95%EC%9E%A5%ED%95%98%EB%8A%94-%EC%83%88%EB%A1%9C%EC%9A%B4-xr%EC%9D%98-%EC%84%B8%EC%83%81

Apple. https://www.apple.com/apple-vision-pro/
Harvard Business Review(1995.1). Disruptive Technologies: Catching the Wave. https://hbr.org/1995/01/disruptive-technologies-catching-the-wave
Meta. The future of wearables. https://www.meta.com/emerging-tech/orion/?srsltid=AfmBOoreODNZspfl5n4-mY-m6wjgk72SMtInsMApXdKzgbPx0FWbLq3C
Omdia(2024.12). Reality check for VR: Omdia forecasts decline as Apple's entry fails to galvanize market. https://omdia.tech.informa.com/pr/2024/dec/reality-check-for-vr-omdia-forecasts-decline-as-apples-entry-fails-to-galvanize-market
Qiang, Z. W. et al.(2009). Economic Impacts of Broadband. *2009 Information and Communications for Development*, pp.35~50. World Bank.
Weill, P. & Broadbent, M.(1998). *Leveraging the New Infrastructure*. Harvard Business Review Press.

06
생성형 AI와 콘텐츠 창작 자동화

새로운 기술은 문화 예술 산업에 가장 빠르게 적용된다. 시각화가 가능한 생성형 AI는 특히 버추얼 휴먼과 저작도구를 이용해 가상공간을 개발하는 크리에이터 영역에서 활발하게 활용되고 있다. 시간이 곧 비용인 콘텐츠 분야에서 생성형 AI를 이용한 창작 자동화에 대해 살펴본다.

AI와 민주주의?

문화 예술 산업과 생성형 AI

문화 예술 산업에서 생성형 AI는 창작자들의 불필요한 작업 수행 시간을 줄이고 본연의 일에 집중할 수 있게 하며, 다양한 형태의 작업을 수행하여 가치를 창출한다(한국콘텐츠진흥원, 2023.2.27).

문화 예술 산업은 인간 고유의 창의성과 감성이 가장 뚜렷하게 드러나는 대표적인 영역이지만, 동시에 여가 생활과 밀접하게 연결되어 있어 일반 사용자들이 가장 쉽게 접할 수 있는 분야 중 하나이기도 하다. 그래서 새로운 기술이 등장했을 때 가장 먼저 적용되는 분야가 바로 문화 예술 분야인 것이다.

다시 말해 생성형 AI는 다양한 창작 영역에서 제작 과정을 자동화함으로써 기존의 생산 방식을 근본적으로 혁신하고 있다.

과거에는 전문가의 숙련된 기술과 창의성을 바탕으로 복잡하고 시간이 많이 소요되는 절차를 거쳐야만 완성할 수 있었던 창작의 과정들이 이제는 비전문가라도 간단한 명령어만으로 일정 수준 이상의 결과물을 얻을 수 있는 기획 중심의 제작 과정으로 변화하고 있기 때문이다.

이러한 변화는 단순히 제작 효율성 향상에 그치지 않

고, 창작의 문턱을 낮춰 누구나 창작 활동을 할 수 있도록 한다는 점에서 의미가 있다.

영상 콘텐츠 분야에서는 AI로 3D 배경 영상을 생성해서 실사 촬영에 이용하는 제작 방식의 '인-카메라 VFX'가 대표적인데, 실제 촬영을 하면 발생하는 경제적인 비용을 줄여주면서 현실적인 제약을 고려하지 않아도 되게 한다.

음악 창작 분야에서도 생성형 AI의 영향력이 커지고 있다. 영상 제작자는 AI가 생성한 음악을 활용하여 저작권 문제를 걱정하지 않고 자신만의 배경음악을 확보할 수 있으며, 개인 창작자는 전문적인 작곡 지식이 없어도 원하는 스타일의 음악을 손쉽게 만들어 낼 수 있다.

게임 분야에서는 NPC의 역할이 변화하고 있다. 이전의 NPC는 단순히 배경적 존재 정도이거나 정해진 대사만 반복하는 제한된 기능을 수행했으나, 이제는 생성형 AI를 통해 실제 사용자와 대화하고 상황에 맞게 반응하는 능동적 상호작용 주체로 진화하며 게임의 몰입감을 높이는 동시에 플레이어가 느낄 수 있는 자유도와 현실감을 확대한다.

컴퓨터 그래픽: 가상 인간

가상 인간은 실제 인간과 유사한 외형을 가지고 표정과 움직임까지 닮은 가상의 캐릭터로, 구현 방식은 크게 두 가지로 구분할 수 있다.

먼저 라이브 스트리밍으로 개인 방송하는 실제 사람의 몸 위에 3D 얼굴 CG를 합성하는 방식이 있다. 또 다른 방식으로는 가상 아이돌 그룹인 '플레이브'와 같이 독립된 개체로서 완전한 피사체로 제작하는 방식이 있는데, 단순한 CG 캐릭터를 넘어서 실제 연예인처럼 자연스러운 소통을 기반으로 생산성을 가질 수 있게 된다.

3D 제작은 기술적 숙련도가 있거나 시간을 많이 필요로 하는 고비용의 작업으로, 인체의 움직임을 디지털 데이터로 수집하기 위해 모션 캡처 스튜디오(Motion Capture Studio)를 운용할 수 있는 기술자나, 제작 공정에 숙련된 전문가의 수작업이 필수였다.

그렇지만 생성형 AI는 사용자의 간단한 명령으로 이 모든 과정을 구현할 수 있도록 자동화한 것이다. 고도의 제작 공정을 단순화해서 시간을 단축하면서도 기존 방식으로 작업하는 것보다 더욱 자연스럽고 정교한 결과물을 누구나 만들 수 있게 한 것으로, 이러한 변화는 제작 시간이 곧 비용인 콘텐츠 산업에서 중요한 의미가 있다.

여러 기술 요소를 융합하여 제작하는 가상 인간은 크게 외형 생성, 움직임 제어, 음성 생성으로 구분할 수 있다. 먼저 외형 생성은 텍스트 입력만으로도 현실감 있는 인간의 모습을 생성하는 것을 의미하며, 성별부터 인종까지 사용자가 원하는 조건과 수준의 3D 모델을 빠르게 제작할 수 있다.

다음 움직임 제어는 연기를 할 실제 배우를 섭외하고 모션 캡쳐 장비를 이용하여 움직임 정보를 수집하는 방식에서, 생성형 AI를 활용하면서 역시 텍스트 입력만으로 이전에 제작한 3D 모델이 실제 사람의 움직임과 유사하게 할 수 있는 움직임 정보를 얻을 수 있게 된다.

마지막으로 음성 생성은 사실감을 결정짓는 요소라고 할 정도로 중요하다. 그동안에는 지정된 내용에 대해서 실제로 녹음을 진행해야 했지만, 이제는 텍스트만으로도 음성을 생성할 수 있는 것이다.

가상 인간은 생성형 AI를 활용하면서 단순히 지정된 대사를 말하는 것이 아니라 사용자의 질문에 대해 맥락에 맞게 반응하고 자연스러운 대화를 이어가는 능력을 갖추게 된다.

이렇게 가상 인간을 제작할 때 생성형 AI를 도입하는 것은 경제적인 효율성뿐만 아니라, 산업의 구조적 변화를 일으키기 때문에 이전까지는 일정 수준의 코딩 능력을 보유한 전문가가 주도했지만, 이제는 누구나 제작할 수 있는 환경이 된 것이다.

즉 콘텐츠 생산자와 소비자의 경계가 모호해지면서 창작의 민주화가 가속화되고, 기존의 콘텐츠 제작 방식은 기획부터 종합 편집까지 순차적으로 각 분야의 전문가들이 함께 만들어 가는 방식이었다면, 이제 생성형 AI를 기반으로 하는 제작 방식에서는 제작자 한 명이 텍스트를 입력하는 것만으로도, 그 모든 것을 얻어서 조합하여 콘텐츠 제작을 완성하는 방식이 보편화된 것이다.

이제 창작자는 AI가 생성한 결과물을 선별해 작품의 완성도를 높이는 본연의 작업에 집중할 수 있게 되면서, 앞으로 콘텐츠 창작자는 아이디어 기획과 감성적 방향성을 제시하는 '기획형 창작자'로서 역할에 집중하게 될 것이다.

1인 창작: 크리에이터

디지털 대전환 시대에 문화 예술 산업에서 콘텐츠 제작 분야는 작업 단계별로 전문가들이 모여서 협업하는 작업 방식에서 그동안 전문가가 알고 있던 방법은 이제 AI를 통해 도움을 받아 개인이 주도적으로 창작하는 작업

체계로 확장하고 있다.

특히 크리에이터가 스스로 가상공간을 만들 수 있는 저작도구를 제공하면서, 생성형 AI를 기반으로 제작 속도와 함께 품질 향상에 혁신을 이루고 있는 UGC 분야에서 이러한 현상을 뚜렷하게 확인할 수 있다.

대표적인 플랫폼으로는 로블록스, 마인크래프트(Minecraft), 포트나이트가 있는데, 이전에는 3D 모델을 포함해 아바타가 활동하는 공간을 만들기 위해서는 별도의 3D 모델링 개발 도구를 전문가 수준으로 운영할 수 있도록 상당한 시간을 투자해야 했다면, 이제는 그 시간을 생성형 AI가 몇 줄의 텍스트를 입력하는 시간으로 단축했다.

이러한 변화는 단순히 창작의 편의를 넘어서, 크리에이터 스스로 경쟁력 있는 콘텐츠를 창작하고 유통하는 기회를 제공한다. 다시 말해 직접 제작한 3D 모델을 포함해 다양한 요소를 거래하면서 크리에이터 경제(Creator Economy)로 순환하는 구조로 자생할 수 있는 기반을 빠르게 마련하는 데 생성형 AI가 역할을 한 것이다.

창작 시간과 비용을 혁신적으로 절감한 것인데, 규모가 크지 않은 크리에이터가 많은 인력을 투입할 수 있는 자본을 가진 대기업 수준으로 시장 경쟁력을 끌어올리는 효과를 가져왔다. 즉 생성형 AI를 통해 이제는 아이디어와 상상력만 있으면 누구나 창작자로서 경제 활동을 할 수 있는 환경을 조성할 수 있게 된 것이다.

실제로 로블록스는 텍스트 프롬프트 입력만으로 3D 모델을 생성할 수 있는 AI 모델 큐브 3D(Cube 3D)를 오픈소스로 공개한다고 밝혔다(ROBLOX, 2025).

특징적인 점은 정형화된 모델링 데이터가 아니라 사용자가 실제로 제작한 3D 데이터로 학습한다는 부분과 단순히 3D 오브젝트 생성에서 그치지 않고 오브젝트 간의 물리적 상호작용이 가능한 4D 시뮬레이션 구현을 목표로 한다는 것이다.

4D의 경우 크리에이터가 생성한 건물, 캐릭터, 소품이 서로 물리적 법칙에 따라 반응하는 세계를 더욱 쉽고 정교하게 구현할 수 있다.

이제는 단순한 창작으로는 사용자에게 효용감을 줄 수 있는 단계를 벗어났으며, 앞으로는 개인 맞춤형으로 서비스를 제공하면서 빠르게 시장에 출시할 수 있는 수준의 생성력을 가진 AI 모델로 서비스를 제공해야 한다.

생성형 AI를 기반으로 하는 UGC는 1인 창작자에게 무한한 창작의 가능성과 함께 경제적 자립의 기회를 제공한다. 과거에는 대규모의 자본과 전문 장비를 갖춘 기업만이 주도할 수 있었던 문화 예술 산업이 이제는 개인 단위의 창작자도 AI 도구를 활용해 동등한 경쟁력을 가질 수 있는 환경으로 변화하고 있다.

단순히 제작 속도가 빨라지는 차원을 넘어, 기획력과 창의적 아이디어만으로 누구나 빠르게 콘텐츠를 창작할 수 있는 창작의 민주화가 현실이 되고 있으며, 이는 동시에 콘텐츠 시장의 다변화로 이어지게 된다.

특히 생성형 AI를 적극적으로 활용하는 UGC 분야에서는 개별 창작자들의 잠재력이 폭발적으로 발현될 가능성이 크며, 기존의 미디어 플랫폼이나 전통적 기업 모델을 뛰어넘어 새로운 스타 크리에이터와 독창적 콘텐츠가 급속도로 등장할 것으로 기대된다.

참고문헌

한국콘텐츠진흥원(2023.2.27). "콘텐츠산업의 생성형 AI 활용 이슈와 대응 과제". 《[KOCCA포커스》, 150. https://www.kocca.kr/shortUrl/qc8p

ROBLOX(2025.3.17). Introducing Roblox cube: Our core generative AI system for 3D and 4D. https://corp.roblox.com/newsroom/2025/03/introducing-roblox-cube

07
사용자에 따른 서비스의 변화와 진화

가상 융합 서비스는 B2C 시장에서 엔터테인먼트 요소로 사용자를 유입하여 사업을 지속해 보려고 했지만, 사용자의 효용성을 만족하기 쉽지 않자 B2B 시장에서 연속성을 찾고자 했다. 그러던 중에 개인화가 가능한 AI가 주목 받으면서 다시 B2C 시장에 진출할 수 있게 되었다. B2C부터 B2B까지 AI 가상 융합 서비스의 변화와 진화에 관해 설명한다.

AI와 애니메이션?

B2C 기반 성장의 한계

가상 융합 서비스를 제공하는 기업들은 초기 진입 시장으로 B2C를 선택했으며, 코로나19 대유행이라는 특수한 상황에 신속히 대응하기 위해 엔터테인먼트 요소를 기반으로 서비스를 빠르게 출시하는 것에 집중했다.

대표적으로 VR 기반의 케이팝 아이돌의 콘서트와 가상 아이돌의 팬 미팅이 있는데, 사용자는 자신이 있는 현실 공간에서 아바타로 가상 환경에 접속하여 공연을 관람하거나 좋아하는 아이돌을 만나면서, 동시에 접속한 세계의 동료 팬들과 소통하는 경험을 할 수 있는데, 2D 기반의 소셜 서비스를 제공하는 플랫폼 '젭(ZEP)'에서 아이돌 그룹인 투모로우바이투게더가 캠 화면으로 실제 아이돌의 얼굴을 보여 주기도 하지만, 아이돌이 직접 아바타로 접속해서 운동회 콘셉트의 팬 미팅에 참여하면서 진행한 사례가 있다.

그렇지만 대면의 일상화로 돌아오면서 B2C 시장을 대상으로 하는 가상 융합 서비스는 사용자 효용성에 대한 부재로 지속성에 대해 한계를 드러낸다.

의사 결정자들은 사용자가 해당 서비스를 사용해야만 하는 당위성보다는 상황적으로 서비스를 출시해야만 하는 실행 중심의 기획에 그치고, 실무자들은 서비스 디자인과 최대 접속 수와 같은 성과에 집중하면서 사용자의 서비스 체류 시간은 일정 수준에 머물고, 신규 유입과 재방문율은 하락하는 추세에 놓이게 된다.

또한 수익 모델 측면에서도 B2C 시장에서 가상 융합 서비스는 무료로 제공되며 수익은 아바타 아이템 판매와 같은 부가 요소에 의존하는 구조인데, 사용자 규모가 크지 않아 수익성에서도 한계를 드러내게 되면서 안정적인 수익 구조를 확보하기 위한 새로운 모델 발굴이 불가피해진 것이다.

환경적인 측면에서의 주요 요인으로는 사용자에게 HMD가 충분히 보급되지 않아 서비스 접근성이 낮다는 점을 들 수 있다.

그래서 B2C 시장을 대상으로 가상 융합 서비스를 제공한 공급자에게는 사용자가 실제로 얻을 수 있는 효용이 무엇인지, 그리고 어떤 메시지를 전달해야 하는지와 같은 서비스 기획의 근본적인 과제가 남게 되었고, 결과적으로 주요 서비스 시장을 B2B로 전환하게 된 배경이 된다.

수익 구조 확보를 위한 B2B 시장 진출

B2B 시장에서 서비스는 기업이 보유한 물리적인 시스템

이나 제품을 실시간으로 복제한 디지털 정보로 가상공간에서 시뮬레이션하여, 관계자가 이해할 수 있는 수준으로 시각화하여 보여 주는 전 과정에 대해 경험할 수 있도록 제공한다.

관련 사례로는 전략적 파트너십을 기반으로 엔비디아의 옴니버스(Omniverse)와 지멘스의 엑셀러레이터(Xcelerator)를 결합한 플랫폼 옴니버스와 BMW 그룹의 라디아(Lydia Plant) 공장을 차례로 소개한다.

엔비디아의 옴니버스는 3D 설계와 협업 플랫폼으로 다양한 데이터를 통합하여 사실적인 디지털 트윈(Digital Twin) 환경을 구현하고, 지멘스의 엑셀러레이터는 기업의 디지털 전환을 지원하는 통합 디지털 비즈니스 플랫폼으로 기업이 실제 환경에서 발생하는 데이터를 가상 세계와 연동하여 최적화할 수 있도록 한다.

그래서 엔비디아의 GPU 기술과 옴니버스의 실시간 협업 기능을 통해 기존의 시뮬레이션 프로세스를 획기적으로 단축하고, 산업 현장의 복잡한 문제를 가상공간에서도 반영할 수 있게 되는 것이다.

두 기업 간의 결합을 통해 제조 기업들은 제품 설계 단계에서부터 여러 경우의 시나리오를 테스트하고, 공정을 위한 기기의 위치를 최적화해서 품질 검사와 유지 보

수 전략까지 모두 사전에 시뮬레이션하는 것이다.

이렇게 단순 디지털화 이상으로 현실 세계와 가상 세계가 실시간으로 연결되는 새로운 산업구조를 만들어 간다고 볼 수 있다.

무엇보다 가상 융합 서비스가 B2B 시장에서 안정적인 수익 구조를 확보할 수 있다는 점이 중요한데, 개인 소비자 중심의 B2C 시장에서는 사용자가 만족할 만한 효용성 있는 서비스를 꾸준히 제공하기도 어렵지만, 수익 모델도 한정적인 상황이다.

그런데 B2B 시장에서 수요자인 기업은 이윤 극대화라는 명확한 비즈니스 목적으로 신기술 도입에 투자하기 때문에 계약 행위를 통해 공급자의 수익 예측도 가능하다.

다음 사례로 BMW 그룹의 리디아 공장은 BMW가 산업용 가상 융합 서비스를 전면적으로 도입하며 약 150억 원 정도를 투자, 중국에 세 번째로 전기차 조립을 위해 선양에 설립한 스마트 공장이다.

연간 70만 대 규모였던 중국 내 생산량을 83만 대 이상으로 확대하기 위한 전략의 일환이었는데, 전체 생산 공정의 설계부터 라인 배치와 설비 공정까지 실제 착공 전에 가상공간에서 시뮬레이션을 사전에 진행하여 작업의 효율성과 경제성을 검토하고 최적화한 것이다.

이 전체 과정을, 언리얼 엔진(Unreal Engine)을 활용해서 정밀하게 디지털 트윈으로 3D 모델을 디자인하고, 공정 과정을 가상공간에 구현했다.

업무 과정에서 도출된 결과가 디지털 정보로 기록되면, 개인 기억에 의존할 때 발생하는 오류를 줄일 수 있다. 또한 모두가 동일한 정보를 객관적으로 공유하며, 데이터 중심적 사고를 기반으로 운영이 가능해진다.

전통적인 제조 현장은 오랫동안 숙련된 작업자들의 경험과 직관에 의존하는 구조가 자연스럽게 받아들여져 왔다. 그러나 리디아 공장은 이러한 방식에서 벗어나, 모든 설비와 공정, 그리고 인력 간의 연결을 클라우드 기반 가상 융합 서비스로 통합했다.

이를 통해 생산 과정에서 발생하는 데이터를 실시간으로 수집하고 분석하여, AI 기반의 의사 결정 시스템을 구축한 것이다. 이러한 변화는 단순히 자동화를 넘어, 공장의 운영 전반을 데이터 중심적으로 혁신하는 시도라 할 수 있다.

이러한 운영 방식은 더 이상 인간의 직관이나 경험적 판단에만 의존하지 않고, 데이터를 기반으로 한 분석과 예측이 중심이 되는 새로운 제조 패러다임을 구현한다는 점에서 의미가 있다.

이렇게 서비스 수요자인 기업은 공급자에게 안정적인 수익 창출 기회를 열어 주기 때문에 AI를 활용한 가상 융합 서비스는 B2B 시장에서 특히 뚜렷한 강점을 보인다.

그러나 이와 동시에 수요자인 기업에 종속될 수밖에 없다는 점은 한계로 지적되고, B2B 시장에서 가상 융합 서비스가 해결해야 할 과제로 남아 있다. 따라서 공급자는 단순한 기술 제공에 그치지 않고, 독자적인 비즈니스 모델을 통해 종속성을 줄이고 지속 가능한 성장을 해야 한다.

이제 다시, B2C 서비스

AI가 적용된 가상 융합 서비스는 다양한 형태의 실물 정보를 디지털로 변환하며 학습과 판단을 통해 개인화된 디지털 정보를 생성하여, 사용자가 평상시처럼 일상생활을 하면서 자연스럽게 서비스 체험을 하고 B2C 시장에서 공급자가 주체적인 비즈니스를 할 수 있게 한다.

실시간 서비스에 대한 수요가 높은 도메인에 최적화된 안경 타입의 글래스와 스마트폰 간의 데이터가 동기화되어 개인 맞춤화된 정보가 시각적으로 표출되고, 사용자가 글래스를 착용하기 전과 비교해 시각적 정보가 더해진 상태에서 경험할 수 있는 서비스를 제공한다.

다시 말해 이러한 구조는 B2C 시장에서 새로운 가치 창출로 이어지는데, 사용자는 글래스를 착용하기 전과 같은 상태에서 추가적인 정보만을 얻어서 시각적 정보가 더해져 일상생활에 대한 인지능력과 효율성을 동시에 높일 수 있는 것이다.

AI와 AR을 활용하여 혁신적인 수영 훈련 경험을 제공하는 스마트 수영 고글 스마트 스윔 2 프로(Smart Swim 2 PRO)는 고글 렌즈에 내장된 AR 디스플레이를 통해 사용자의 심박수와 칼로리 소모 그리고 거리와 같이 운동 역량을 키우는 데 유용한 데이터를 실시간으로 제공한다.

이전에는 스마트워치와 같은 기기를 통해 운동이 끝난 다음에 데이터를 확인할 수 있었다면, 이 고글은 운동 중에도 사용자의 시야에 실시간으로 정보를 제공해 훈련 효율성을 극대화한다.

특히 주목할 점은 고글 내에 AI가 적용되어 데이터 처리에서 분석까지 가능하다는 것이다. 내장된 센서와 광학 심박 센서가 수집한 데이터를 AI가 실시간으로 분석해 사용자에게 최적화된 맞춤형 가이드를 제공하는 것이다.

예를 들어 사용자에게 일정하지 않은 스트로크가 있을 때 디스플레이로 경고와 같은 시각적인 표시를 통해 훈련 효과를 높인다. 이러한 표시는 전문 선수뿐만 아니라 일반인도 효율적이고 체계적인 훈련을 할 수 있게 하는 것이다.

또한 스마트폰과 연동되어 훈련 기록을 자동 저장하고 분석 결과를 제공하면서 운동 목표를 제시하여 사용자가 지속적인 운동을 할 수 있는 습관 형성에 도움을 주는 서비스를 제공하기도 한다.

참고문헌

BMV GROUP(2022.6.23). BMW Brilliance Plant Lydia inaugurated: Digitalization empowered vehicle plant sets new standards for future-oriented vehicle production. https://www.press.bmwgroup.com/global/article/detail/T0401453EN/

NVIDIA Newsroom(2022.6.29). Siemens and NVIDIA to enable industrial metaverse. https://nvidianews.nvidia.com/news/siemens-and-nvidia-to-enable-industrial-metaverse

08
책임 있는 서비스 운영을 위한 원칙

AI 기반의 가상 융합 서비스는 수집한 사용자의 정보를 분석하여 최적화된 서비스를 제공하지만, 사용자는 서비스를 사용하기 위해서 특정 플랫폼에 종속되어 개인정보를 믿고 제공할 수밖에 없다. 가상 융합 서비스의 공급자가 소비자인 사용자에게 책임감을 가지고 신뢰를 줄 수 있는 기준과 원칙에 대해 살펴본다.

AI와 인재 채용?

일상 속으로 들어온 AI 가상 융합 서비스

AI 기반의 가상 융합 서비스는 사용자의 행동 이력과 선택 패턴 같은 개인정보를 수집하여 분석하고 판단한 결과를 실시간으로 맞춤형 서비스를 제공한다.

개인정보를 제공하고 최적화된 서비스를 체험하는 과정은 편리하고 유용하지만, 데이터 주체인 사용자가 자신의 정보를 플랫폼에 전적으로 위임해야 한다는 위험성도 함께 내포한다.

즉 안정적으로 가상 융합 서비스를 지속적으로 운영하기 위해서는 소비자인 사용자가 제공하는 데이터에 대해 책임감을 가지고 사용자의 신뢰를 잃는 것에 대하여 민감해야 한다는 것이다.

가상 융합 서비스의 사용자는 디지털 정보 속에 깊이 몰입하게 된다. 그 결과 경험을 통해 접하는 정보가 실제로 얼마나 정확한지 분별하는 사고가 더욱 어려워질 수 있다.

이러한 특성 때문에 사용자가 한 번이라도 해당 서비스에서 신뢰가 깨지는 경험을 하면, 그 신뢰를 다시 회복하는 데는 다른 형태의 서비스보다 훨씬 더 오랜 시간이 걸릴 수 있다.

국내 중소기업을 대상으로 프라이버시 보호, 견고성,

공정성, 투명성, 책임성, 인류 가치 증진까지 총 여섯 개 세부 요소로 나눠 인터뷰를 통해 AI 신뢰성에 대한 인식과 대응 현황에 관해 조사한 연구가 있다(소프트웨어정책연구소, 2025.4.30).

먼저 프라이버시 보호에 관해서는 고객 개인정보 유출에 대한 우려로 인해 필요한 데이터만을 수집하지만, 웹 공개 데이터를 가져올 때는 저작권 문제나 정확성을 고려할 필요가 있다고 한다.

견고성에 관해서는 보안 사고 예방을 위해 온프레미스(On-premise) 구축을 고려하고 있으나, 중소기업의 경우 시스템 개발과 관리에 관련된 비용이 클라우드와 대비해 많이 발생한다고 한다.

공정성에 관해서는 학습 데이터 편향 제거를 위해서 노력하고 있으나, 해외 진출을 고려하지 않는 경우가 많아 다양성의 존중이나 차별 금지 측면에서는 아직 부족하다고 인식한다.

투명성에 관해서는 AI 모델이 생성한 결과에 대해 명확한 설명이 이루어지지 않고 있으며, 소규모 기업에서는 위험 관리를 위한 문서화와 같은 프로세스가 부족하다고 한다.

책임성에 관해서는 AI로 인한 사고 발생 시에 구체적

인 책임과 사고 해결을 위한 거버넌스 체계의 필요성이 있으며, 오픈소스 모델을 사용하는 기업에서는 AI 모델에 의한 사고 발생 시에 불분명한 책임 문제의 소지가 있다고 한다.

마지막으로 인류 가치 증진에 관해서는 AI로 인한 인력 대체 효과로 인해 향후 노동 인력의 감소를 우려하고 있으며, 분야별로 초급 인력은 AI로 대체될 상황이 높다고 한다.

이러한 연구 결과를 보았을 때, 가상 융합 서비스에 AI를 적용하면서 사회적 실재로서 지위를 점점 더 공고히 하게 될 것으로 보이며, 현실 세계의 모든 것을 데이터로 수집하면서 사용자는 자신을 드러내는 동시에 플랫폼에 종속된 존재로 위치하게 될 수밖에 없게 되는 것이다.

즉 앞으로 AI 기반 가상 융합 서비스는 윤리적 책임과 신뢰 관리를 함께 수행해야 한다. 인간의 존엄성과 사회적 연대가 같이 고려되어야 하는 상황에서 사용자의 권리와 감정을 존중하며 정보 비대칭을 줄여서 공공 신뢰를 회복하는 방향으로 나아가야 할 것이다.

AI 윤리 기준

AI는 컴퓨터 하드웨어 부품 성능의 발전, 데이터 축적,

초저지연 네트워크와 같은 개별적인 기반 기술의 개선과 함께 빠르게 발전하고 있다.

이러한 기술은 산업뿐만 아니라 사용자 개인의 일상생활에도 영향을 미치고 있으며 프라이버시 침해, 데이터 편향, 책임 불명확성, 불투명한 알고리즘 판단과 같은 윤리적 문제들이 끊임없이 제기되고 있어서 앞으로는 지금보다 더 예상하지 못한 사항들에 대응해야 할 수도 있다.

그래서 대한민국 정부가 AI 시대에 바람직한 AI 개발과 활용을 위해 제시한 AI 윤리 기준을 통해, AI의 사회적 신뢰성과 책임성에 대해 알아보자(과학기술정보통신부, 2020.12.23).

AI 윤리 기준은 윤리적인 AI를 실현하기 위해 개발에서 활용까지 전 단계에서 함께 지켜야 할 주요 원칙과 핵심 사항으로 3대 기본 원칙과 10대 핵심 요건으로 구성했다.

3대 기본 원칙 중 첫 번째로 인간의 존엄성 원칙에 관해서 AI는 인간의 생명과 건강을 해치지 않는 방향으로 개발·활용되어야 한다는 것이다. 인간은 기계와 대체 불가능한 존재이며, AI는 이를 존중해야 한다는 의미로 볼 수 있다.

사회 공공선 원칙에 관해서 AI는 사회적 약자와 취약계층의 접근성을 보장하고, 인간 공동체 전체의 이익과 행복을 추구해야 한다는 것이다. 나아가 글로벌 차원에서 인류의 복지에 도움이 되는 방향으로 활용되어야 한다는 의미로 볼 수 있다.

기술 합목적성 원칙에 관해서 AI는 인간의 삶을 개선하기 위한 수단으로서 개발되어야 하며, 그 과정 또한 윤리적이어야 한다는 것이다. 기술 목적성과 사용 맥락이 정당해야 한다는 의미로 볼 수 있다.

다음 10대 핵심 요건 중에서 첫 번째 인권 보장은 국제인권 기준에 부합하고, 인간의 자유와 권리를 침해하지 않아야 한다는 의미로 볼 수 있다.

프라이버시 보호는 데이터 이용과 보관 전반에서 개인의 프라이버시를 보호해야 하며, 다양성 존중은 성별과 인종과 같은 다양한 정체성에 대한 존중과 비차별 원칙을 유지해야 한다는 것이다.

다음 침해 금지 측면에서 AI는 인간에게 해를 가하는 목적으로 활용되어서는 안 되고 위험 대응 체계를 갖춰야 하며, 공공성으로 기술은 개인을 넘어 사회 전체의 이익을 위해 작동해야 한다.

이어지는 연대성, 책임성, 안전성, 투명성 관점에서는

세대와 사회 집단 간 공정한 AI 접근성과 참여 기회가 보장되어야 하며, 목적 외 사용 금지, 편향 최소화와 데이터 품질 관리가 되어야 하고, 설계자, 개발자와 운영자 간의 명확한 책임 소재가 규정되면서 오류 제어 기능 확보와 사용자 통제권을 유지할 수 있어야 하고, 알고리즘과 데이터 활용 과정의 설명 가능성을 확보할 수 있어야 한다.

이렇게 AI 기반의 가상 융합 서비스는 사용자가 필연적으로 플랫폼 제공자에게 정보를 위임하고 종속되는 구조와 생성형 AI로 인해 인간의 판단력이 흐려질 수 있는 상황에서 사회적 약자의 디지털 격차를 방지하고, 사용자에게 신뢰를 줄 수 있도록 명확한 윤리 기준을 제시하고 준수 여부를 점검할 수 있는 시스템까지 갖출 수 있어야 한다.

결국 AI를 활용하는 가상 융합 서비스는 기술적 성능뿐 아니라 윤리적 투명성과 책임 구조 모두를 갖출 때, 완전히 사회적으로 수용되는 서비스가 되고 지속 가능한 플랫폼으로 확장하여 발전할 수 있게 되는 것이다.

메타버스 윤리 원칙

가상 융합 서비스는 몰입감 높은 경험을 제공해 사용자

의 능동적인 참여 기회를 확대하면서 여러 산업에서부터 일상생활까지 영향을 미치고 있다.

특히 인간과 유사하게 모든 형태의 정보를 입력 받을 수 있는 멀티모달 모델과 현실 세계에서 물리적인 구현이 가능한 피지컬 AI로 AI의 발전 속도가 지금보다 더 빠르게 진행될 것으로 예상된다.

그런 만큼 다양한 비윤리적인 행위에 대응할 수 있는 준비를 함께해야 한다. 그래서 대한민국 정부가 가상공간 내에서 가상 자아에 대해 시민사회 역량 향상 자율성 확보를 위해 제시한 메타버스 윤리 원칙을 통해 가상 융합 서비스의 사회적 신뢰성에 대해 알아보자(과학기술정보통신부, 2022.11.28).

메타버스 윤리 원칙은 3대 지향 가치와 8대 실천 원칙으로 구성되어 있는데, 먼저 3대 지향 가치 중에서 온전한 자아는 개인이 스스로 가상 자아가 추구할 가치와 역할을 선택하고, 그렇게 구현한 가상 자아의 정체성에 맞게 행동해야 한다는 것이다.

안전한 경험은 메타버스가 제공하는 가치를 발견하고 경험하기 위해 메타버스에서 활동하는 참여자가 안전에 위협을 받지 않아야 한다는 의미다.

마지막으로 지속 가능한 번영은 혁신의 기회가 포착

되는 공간으로 발전하는 메타버스의 혜택이 미래 세대에도 이어져야 한다는 의미로 볼 수 있다.

다음 8대 실천 원칙 중에서 진정성은 메타버스에서 형성하는 가상 자아가 현실 자아에도 영향을 미치기 때문에 가상 자아 상태에서도 진실하게 행동해야 한다는 의미이며, 자율성은 가상 자아와 연결된 현실 자아가 메타버스 안에서의 행동 방식을 스스로 결정할 수 있도록 능동적으로 참여하고 행동하는 공간이 되도록 만들어야 한다는 의미다.

호혜성은 소통의 당사자 모두가 존중과 예의를 갖춰 행동해서 타인과 공동체에 적대적이지 않은 환경이 필요하다는 의미이며, 사생활 존중은 현실과 유사한 활동을 하고 가상 자아와 연결된 현실 자아가 여러 감각으로 느끼기 때문에 타인에게 불쾌감을 유발할 수 있는 가상 공간 내 사적 영역을 침범하지 않아야 한다는 의미다.

공정성은 개인의 역량으로 제작한 창작물로 새로운 경제적 기회를 획득할 수 있으므로 창작물 제작과 유통에 차별 없이 공정하게 접근할 수 있도록 세심하게 고려해야 한다는 의미다. 개인정보 보호는 개인정보로 처리해야 하는 데이터의 범위를 숙지하여 개인정보의 최소 수집 원칙을 지키고 개인정보 보호를 위해 노력해야 한다는 것이다.

포용성은 메타버스에서 다양한 경험을 위해 신체적인 상호작용을 지원하는 기기와 서비스에 대한 이해도가 필요할 수 있음을 고려해야 한다는 것이다. 마지막으로 책임성은 미래 세대를 배려하여 인간의 기본 가치가 보존되는 메타버스를 만들어 갈 책임에 대한 의미다.

참고문헌

과학기술정보통신부(2020.12.23). "인공지능(AI) 윤리기준". https://www.msit.go.kr/bbs/view.do?mid=113&bbsSeqNo=94&nttSeqNo=3179742

과학기술정보통신부(2022.11.28). "메타버스 윤리원칙". http://www.msit.go.kr/bbs/view.do?mId=113&bbsSeqNo=94&nttSeqNo=3182405

소프트웨어정책연구소(2025.4.30). "AI 신뢰성 및 윤리 제도 연구". https://spri.kr/posts/view/23864?code=research

09
배리어 프리 친화적 서비스

가상 융합 서비스는 기본적으로 비용적인 진입 장벽이 있다. 그렇지만 AI가 적용되면 지금의 스마트폰 앱처럼 자주 사용될 것이고, 일상생활에 필수 요소가 될 것이다. 그래서 디지털 소외 계층까지 모두가 서비스에 접근할 수 있도록 배리어 프리 친화적인 AI 기반의 가상 융합 서비스에 대해 살펴본다.

AI와 기자?

배리어 프리와 AI 가상 융합 서비스

'배리어 프리(Barrier-Free)'는 건물이나 거주환경에서 층을 없애는 것처럼, 장애가 있는 사람에게 생활의 불편함을 주는 물리적인 장애 요소를 제거한다는 의미로 건축학계에서 처음 사용되었는데, 최근에는 모든 분야에서 장애인에서부터 고령자까지 대상이 확대되어, 오늘날에는 정보 접근성과 서비스 이용 격차 해소라는 확장된 의미로 사용되고 있다.

AI 기반의 가상 융합 서비스는 누구나 편리하게 접근할 수 있도록 배리어 프리 친화적 설계를 기본적으로 고려해야 한다. 인간의 생활과 사회 구조를 재편할 수 있는 혁신성을 지닌 기술이기 때문에, 제약 없이 모두가 혜택을 누리려면 서비스의 설계와 운영, 그리고 문화 전반에 이르기까지 배리어 프리의 필요성을 깊이 공감하고 체계적으로 내재화할 필요가 있다.

다시 말해 AI를 활용하는 가상 융합 서비스는 사회적으로 의미 있는 가치를 창출하고, 신뢰를 기반으로 장기적인 서비스를 운영하기 위해서는 배리어 프리에 대한 이해와 적용이 필수라는 것이다.

배리어 프리 서비스 개발과 보급 전략

물리적인 제약 사항이나 디지털 경험 수준의 차이가 서비스의 접근성에 결정적인 요인이 되기도 하지만, AI 기반의 가상 융합 서비스는 멀티모달 모델을 통해 다양한 사용자 특성에 맞춰 쉽게 적용할 수 있어서, 서비스 기획 초기 단계부터 배리어 프리 친화적으로 구현할 수 있도록 공감대를 형성하는 게 무엇보다 중요하다.

크게 서비스 개발과 보급으로 나누어 생각해 볼 수 있다. 먼저 개발 측면에서는 배리어 프리 친화적인 다중 감각에 대해 적극적인 지원을 해야 한다. 시각장애인을 위한 스크린 리더와 음성 내비게이션 옵션을 서비스에 적용할 수 있을 것이고, 청각장애인을 위해서는 수어 아바타와 음성 텍스트 변환 기능을 제공할 수 있을 것이다.

인지 장애가 있는 사용자를 위해서는 인터페이스를 단순화하여 이해가 쉬운 아이콘 중심의 UI로 제공할 수 있다.

중요한 점은 이러한 기능들이 AI를 통해 자동화되어 운영되어야 한다는 것이다. 만약 이전처럼 사용 대상별로 개발을 진행하거나, 하나의 플랫폼에 모든 옵션을 억지로 담으려 했다면 어려움이 있었을 것이다. 그러나 AI를 활용하면 서로 다른 사용자에게 맞춤형 서비스를 제공할 수 있는 개발 방향을 유지하면서도 충분히 확장해 나갈 수 있다.

보급 측면에서는 공공 플랫폼 중심으로 서비스 보급 체계를 강화할 필요가 있다. 정부를 포함한 공공기관을 통해 배리어 프리 서비스 전용 플랫폼을 운영하거나, 민간에서 운영 중인 플랫폼에 정부의 신뢰성을 상징하는 인증 마크를 부여하는 방식을 고려해 볼 수 있다.

또 다른 방법으로는 배리어 프리 서비스를 개발하는 중소기업에게 금전적인 지원을 통해 부담을 완화하고, 다양한 서비스가 계속해서 출시될 수 있도록 시장 활성화를 유도할 수 있을 것이다.

그렇지만 무엇보다 안정적인 서비스 생태계를 구축하기 위해 장기적으로 일정한 수준의 지원이 유지되는 것이 가장 중요할 것이다. 나아가 이러한 지원 정책은 단순히 일회성 혜택을 넘어 기업이 지속적으로 혁신할 수 있는 동력을 마련해야 하며, 이를 통해 배리어 프리 서비스가 사회 전반에 걸쳐 보편화되는 선순환 구조를 만드는 것이 필요하다.

배리어 프리 인터페이스 설계와 UX 개선

고령자나 장애인처럼 디지털 문해력이 낮은 이용자에게

는 디지털 기기를 매개로 한 접근 방식 자체가 높은 진입 장벽이 될 수 있다. 단순히 기기 구매에 대한 부담뿐만 아니라, 복잡한 인터페이스나 부족한 UX로 인해 서비스 접근 자체가 제한될 가능성이 있기 때문이다.

이러한 문제는 단순한 편의성의 차원을 넘어 디지털 격차와 사회적 배제의 문제로 이어진다. 따라서 사용자의 신체적 차이를 최소화하고, 누구나 직관적으로 동일한 서비스를 이용할 수 있도록 배리어 프리 친화적인 설계가 필요하다.

인터페이스 측면에서는 크게 세 가지 사항을 고려해야 한다. 먼저 고령자나 장애인 사용자는 복잡한 메뉴 구조나 난해한 아이콘에 취약하다. 따라서 필수 기능을 전면에 배치하고 불필요한 단계는 최소화한 단순한 UI 설계가 요구된다.

다음은 멀티모달 모델이 적용되어 인간 본연의 의사표현이 가능할 수 있는 기능이 필요하다. 시각에 의존하는 인터페이스는 시각장애인에게 불리한데 반대로 청각 안내만 제공되는 시스템은 청각장애인에게 장벽이 될 수 있다. 그래서 시각을 위한 텍스트, 청각을 위한 음성, 촉각을 위한 진동 기능으로 사용자에게 피드백을 제공해야 한다.

마지막으로 신체적 상황이나 경험의 차이에 따른 디지털 수용 능력이 다른 점을 고려한 옵션이 제공되어야 한다. 이를 통해 사용자는 자신의 특성과 필요에 맞는 환경을 선택할 수 있으며, 불필요한 불편을 줄이고 서비스에 대한 만족도를 높일 수 있다.

UX 개선을 위한 측면에서는 크게 세 가지 사항을 고려해야 한다. 먼저 사용자의 실제 행동 패턴과 문제점 분석이다. 디지털 소외 계층을 대상으로 테스트를 통해 불편 요소를 식별하고, 인터페이스를 개선해야 한다.

다음으로 사용자 개인의 사용 패턴과 선호도를 파악하고 예측하여 자동화된 가이드를 제공해서 사용성을 높이고, 사용자가 쉽게 이해할 수 있는 시각적 피드백과 음성 안내를 동시에 제공하면서, 사용자가 직접 옵션을 조정할 수 있는 맞춤형 설정 기능을 강화해 개인화된 UX를 제공해야 한다.

마지막으로 보조 기기와 호환해 사용자의 편의성을 높일 수도 있을 것이다.

디지털 소외 계층을 위한 프로그램

디지털 소외는 단순히 기술적 이해 부족에서만 비롯되지 않는다. 고가의 장비로 인한 경제적 장벽이나 물리적인 제약이 복합적으로 겹쳐서 발생한다. 그래서 디지털 접근성을 향상하기 위해 단기적인 지원을 넘어서 장기적인 프로그램을 운영하여 사회적 권리 보장과 정보의 비대칭을 해소하는 출발점이 될 수 있다.

우리 사회는 전 산업에서 디지털 전환이 이루어지고 있어, 만약 특정 계층이 서비스에 접근하는 데 어려움을 겪는다면 사회적으로 기본적 권리의 문제로 이어질 수 있다.

특히 AI 기반의 가상 융합 서비스는 비대면 의료와 같이 지능형 공공서비스를 혁신할 것이기 때문에 전 국민이 차별 없이 서비스를 경험할 수 있는 시스템이 마련되어야 한다.

무엇보다 디지털 소외 계층은 원격 근무와 같이 변화된 디지털 경제 활동에서 소외될 가능성이 있어, 전문 교육 프로그램을 운영해 디지털 리터러시 교육에서부터 AI를 활용하는 가상 융합 기술을 이용하는 기회까지 제공하여, 궁극적으로 경제적 자립의 기회를 만들어 주거나 일자리를 직접 창출할 수도 있을 것이다.

이렇게 새로운 기회와 환경이 제공되어 경제적 가치를 창출할 수 있다는 점에서 AI 기반의 가상 융합 서비스는 중요한 의미가 있고, 사회적 배려가 필요한 대상을 위해 지속적인 운영이 가능한 전문적인 프로그램이 필요할 것이다.

그렇지만 이러한 프로그램은 다양한 이해 관계자의 동의가 필요하고, 막대한 운영 자본이 뒤따른다. 따라서 단순한 기획만으로는 실행에 옮기기 어렵고, 실질적인 운영과 지속 가능한 보급을 위해서는 구체적인 실행 방안이 마련되어야 한다.

이를 두 가지 측면에서 살펴볼 수 있는데, 첫 번째는 리빙 랩(Living Lab) 기반의 실사용자 테스트다. 리빙 랩은 실제 생활환경에서 기술이나 서비스를 실험하고 개선하는 방식으로, 단순한 설문 조사나 이론적 검토만으로는 알기 힘든 실제 사용 경험을 직접 확인할 수 있게 한다.

특히 고령자나 장애인처럼 디지털 기기에 익숙하지 않은 이용자를 대상으로 할 경우, 초기 설계 단계에서부터 실사용자의 피드백을 반영하는 것이 중요하다. 예를 들어 글자 크기와 같은 요소는 실제 수요자가 직접 체험하고 수정하는 과정을 거쳐야만 진정한 사용자 친화적인 결과물이 될 수 있다.

두 번째는 민관 협력 모델 구축이다. 정부는 예산 투입을 위한 정책 지원과 표준화에 집중하고, 민간 기업은 기술 지원을 담당하며, 지자체는 직접 교육과 현장 운영을 통해 디지털 취약 계층이 교육을 받아서 서비스가 실제 일상생활 속에 자연스럽게 스며들 수 있도록 하는 것이다. 이처럼 각 주체의 강점을 발휘하면서도 중복 투자를 방지하는 구조가 되면, 기술 보급의 효율성과 속도를 동시에 높일 수 있을 것이다.

무엇보다 민관이 공동의 목표를 설정하고 표준화된 가이드를 마련해 현장에서 개선이 될 수 있도록 지속적인 관심을 가지고 AI 맞춤형 시스템 도입에 대한 필요성에 공감하는 것이 중요할 것이다.

누구나 AI 기반의 가상 융합 서비스를 누릴 수 있도록 하는 것은 사회 전체의 디지털 포용성을 실현하는 중요한 기반이 된다. 기술 혁신의 성과를 특정 집단이 아닌 모두가 공유하게 하고, 나아가 포용적 사회를 구현하는 핵심 동력이 되어야 할 것이다.

참고문헌

NAVER 지식백과 시사상식사전. "배리어 프리". https://terms.naver.com/entry.naver?cid=43667&docId=931614&categoryId=43667

10
가상 융합 서비스 진흥 정책 방향

가상 융합 서비스는 AI를 활용하면서 스마트폰과 같은 파괴적 혁신을 이룰 것으로 기대한다. 그렇지만 장기적인 관점에서 지속적으로 일정 규모 이상의 투자 없이는 글로벌 무대에서 선도하기 힘들며 또다시 시장을 선점한 기업에 종속될 수밖에 없을 것이다. 대한민국 정부에서 발표한 가상 융합 서비스 진흥 전략에 관해 설명한다.

AI와 미래 의사?

가상현실 기반 실감 콘텐츠 산업 활성화

박근혜 정부는 핵심 국정 키워드로 '창조경제'를 내세웠고, 당시 신설된 부처인 미래창조과학부에서 '가상현실' 단어를 처음으로 사용하여 가상현실 산업 육성과 관련된 전략을 발표했다(미래창조과학부, 2016.7.5).

당시에 스마트폰 시장의 성장이 정체되면서 글로벌 정보 통신 기술(ICT) 기업들은 가상현실을 미래 성장 동력으로 주목하여 관련 플랫폼 선점하고자 경쟁하고 있었기 때문에 해당 전략에서는 ICT 산업 발전과 함께 B2C 시장이 창출될 것으로 보았다.

VR은 다양한 부가가치를 창출할 것으로 기대하는 분야였고, AR과 함께 타 산업과 융합하여 기존 산업이 확장하고 서비스 활용이 활성화되어 성장 가능성을 높게 보고 앞으로 열릴 대규모의 신시장과 플랫폼을 선정하고자 한 것이다.

그래서 대한민국 정부도 본격적으로 가상현실을 새로운 미래 성장 동력 산업으로 육성하기 위하여 3대 전략과 함께 세부 과제를 제시했다.

첫째 전략으로 VR 신시장 창출과 확산을 위한 세부 과제로 VR 산업의 콘텐츠 · 플랫폼 · 네트워크 · 데이터(CPND) 동반 성장과 함께 프로젝트 중심의 개발 지원과

VR 관련 기술 연구 개발 로드맵을 수립하고자 했다. 또한 문화 콘텐츠에 적용할 수 있는 VR 응용 기술 개발 지원을 통해, 원천 개발과 표준 특허 선점을 동시에 이루고자 했다.

둘째 전략으로 VR 거점을 조성하여 글로벌 역량 강화를 이루고자 했다. 해당 거점에서는 인력 양성과 관련 개발 기업의 입주 지원과 같은 실질적인 방안을 계획했다. 특별히 서울 VR 페스티벌 개최와 함께 상설 전시장을 마련하고 국내 VR 콘텐츠 수출 지원을 위한 비즈니스 매칭을 하고자 했다. 또한 글로벌 이벤트인 2018 평창동계올림픽에서 체험 부스 운영을 통해 일반인들이 가상공간에서 올림픽을 체험할 수 있도록 제공하는 동시에 고화질의 VR 카메라로 촬영해서 5G 시범망으로 전공하는 시범 사업도 계획했다.

셋째 전략으로 VR 전문 펀드 조성과 VR 기술 세제 혜택과 같은 개선을 통해 생태계 기반을 조성하고자 했다.

그 이후에 대한민국은 2019년 4월 3일에 세계 최초로 스마트폰 기반의 5G 서비스를 상용화했지만, 네트워크를 사용할 서비스가 부재했다. 그런데 실감 콘텐츠가 5G용 서비스를 확산할 핵심 동력으로 주목 받기 시작했다. 그래서 과학기술정보통신부는 실감 콘텐츠 산업을 중점적으로 육성해서 세계 시장에서 경쟁력을 확보하기 위해 5G 시대를 선도하기 위한 실감 콘텐츠 산업 활성화 전략을 발표했다(과학기술정보통신부, 2019.10.7).

추진 전략은 크게 네 가지로 볼 수 있다. 첫째로 2020년부터 공공서비스 산업 과학기술에 실감 콘텐츠를 적용하는 대규모 프로젝트를 선도적으로 추진하여 실감 콘텐츠 시장 창출의 조력자 역할을 하고자 했다. 특히 국내 대표 문화 관광 거점인 광화문 지역을 실감 문화 체험 공간으로 조성하는 실감형 광화문 프로젝트와 AR을 활용한 증강 도시 서비스 개발 계획이 주목 받았다.

둘째로 실감 콘텐츠의 미래 핵심 기술 개발을 도전적으로 추진하고, 5G 기반 실감 콘텐츠 제작과 테스트 기반을 구축하여 국내 기업의 5G 콘텐츠 제작과 사업화를 지원하고자 했다. 구체적으로는 상암동 한국 VR · AR콤플렉스에 아시아 최대 수준의 5G 입체 실감 콘텐츠 제작 인프라를 2020년부터 운영하고, 판교 ICT 문화 융합 센터에 5G 콘텐츠 테스트베드인 5G 실감 콘텐츠 오픈랩을 2020년에 구축할 계획을 했다.

셋째로 5G 킬러 실감 콘텐츠 제작 지원과 5G 서비스 예정국인 미국과 중국에 5G 실감 콘텐츠 체험관을 구축해 홍보하고 민간 부문의 적극적인 투자도 유도하여 글로벌 진출을 지원하고, 실감 콘텐츠 육성을 목적으로 하는 펀드 운영을 통해 2023년까지 실감 콘텐츠 전문 기업 100개를 육성하고자 했다.

마지막으로 산업 융합형 실감 콘텐츠 교육과정을 신설하고 석·박사급 연구실 프로젝트 개발을 지원하여 산업 성장을 주도할 인재를 양성하고자 했다. 아울러 사업화를 저해하는 규제를 선제적으로 발굴하고 개선함으로써 실감 콘텐츠의 저변을 확대하고, 연구·산업·정책이 유기적으로 연결되는 지속 가능한 생태계를 구축하여 실감 콘텐츠 산업이 장기적으로 경쟁력을 유지할 수 있도록 하고자 했다.

가상 융합 경제 발전과 신산업 선도

코로나19 팬데믹으로 전 세계가 비대면 전환이 이루어지던 시기에 문재인 정부는 국정 키워드인 '한국판 뉴딜'을 구현할 핵심 요소로 가상 융합 기술을 고려했다.

그래서 대한민국 과학기술정보통신부는 가상 융합 기술을 활용한 경제활동 공간이 현실 세계에서 가상 세계로 확장하여 새로운 경험과 경제적 가치를 창출하기 위해 가상 융합 경제 발전 전략을 발표했다(과학기술정보통신부, 2020.12.9).

전략은 세계 최고 수준의 디지털 기반을 발판으로 경제사회 전반에 가상 융합 기술 활용 확산 지원을 위해 3대 전략과 세부 과제를 제시했다.

첫 번째 전략으로 경제사회 전반의 가상 융합 기술 활용 확산을 하고자 했다. 세부 과제로는 6대 핵심 산업 관련 가상 융합 기술 프로젝트 지원을 추진하면서 지역의 곳곳에 가상 융합 기술이 확산될 수 있도록 기반 조성과 함께 사회적 포용과 문제 해결을 위해 가상 융합 기술을 적극 활용하고자 했다.

두 번째 전략으로 선도형 가상 융합 기술 기반 확충과 제도 정비를 하고자 했다. 세부 과제로는 가상 융합 기술 기기의 핵심 기술 개발과 보급에 진전을 보이면서 가상 융합 기술 서비스에 AI 활용을 위해 필요한 데이터 댐을 구축하여 네트워크 고도화로 가상 융합 기술 서비스의 확산을 지원하면서 조기 사업화를 위한 제도를 조성하고자 했다.

세 번째 전략으로 국내 가상 융합 기술 기업의 세계적 경쟁력 확보를 위해 적극적인 지원을 하고자 했다. 세부 과제로는 2025년까지 매출액 50억 원 이상 전문 기업 150개를 육성하면서 경쟁 우위적인 가상 융합 기술을 확보하기 위해 지원하는 동시에 수요 맞춤형 가상 융합 기술 분야의 인적자원을 양성하면서 국내 가상 융합 기술 기업의 세계 시장 진출을 촉진하고자 했다.

해당 전략 발표 이후 2년 뒤 과학기술정보통신부는 메타버스가 가져올 경제적 · 사회적 변화에 대응하고 미래를 준비하기 위해 디지털 뉴딜 2.0 초연결 신산업 육성을 위한 첫 번째 종합 대책으로 메타버스 신산업 선도 전략을 발표했다(과학기술정보통신부, 2022.1.21).

이 전략에서 메타버스는 실감 기술을 통해 몰입감이 극대화되면서 아바타를 통해 현실의 경험을 확장하는 동시에 시공간 제약을 넘어 협업하고 소통하고자 했다.

또한 디지털 자산의 생산과 유통이 플랫폼 간 상호 연동되는 형태로 진화할 것으로 전망해서 기업들이 새로운 형태의 플랫폼 사업에 도전하고 세계적인 기업과 경쟁할 수 있도록 기업 간 협업을 통한 기술 개발과 규제 혁신을 위해 4대 추진 전략과 세부 과제를 제시했다.

첫째 전략으로 세계적 수준의 메타버스 플랫폼에 도전하고자 했다. 세부 과제로 다양한 영역에서 기존 플랫폼과 차별화된 신유형의 메타버스 플랫폼을 발굴하고 지원하여 메타버스 플랫폼 생태계를 활성화하면서 미래의 메타버스 서비스 실현을 위한 핵심 기술 개발을 지원하는 동시에 중장기 메타버스 연구 개발(R&D) 로드맵을 마련해 메타버스 기술 경쟁력을 확보하여 메타버스 플랫폼 성장 기반을 조성하고자 했다.

둘째 전략으로 메타버스 시대에 활약할 주인공을 키우고자 했다. 세부 과제로 메타버스 아카데미를 신설하고 전문대학원 설립과 함께 메타버스 랩 운영을 통해 메타버스 전문 인재를 양성하고자 했다. 또한 국내 기업과 학생을 대상으로 국산 소프트웨어 개발 도구를 활용하는 메타버스 개발 경진 대회를 개최하여 메타버스 활용과 저변을 확대하고자 했다.

셋째 전략으로 메타버스 산업을 주도하는 전문 기업을 육성하고자 했다. 세부 과제로 메타버스 기업의 통합 지원을 위한 거점인 메타버스 허브를 중심으로 메타버스 기업 성장 기반을 확충하고, 세계적인 경쟁력을 보유한 유망 기업을 발굴하고 성장할 수 있도록 기술 개발 면에서 실증과 사업화까지 원스톱으로 지원하여 메타버스 기업 경쟁력을 강화하고자 했다.

마지막 넷째 전략으로 국민이 공감하는 모범적 메타버스 세상을 열고자 했다. 세부 과제로 메타버스 생태계 참여자가 안전과 신뢰 구축을 위해 추구해야 할 자율 규범으로 메타버스 윤리 원칙을 수립하고, 미래 세대가 더 나은 삶을 누릴 수 있도록 공동체 가치 실현을 위한 서비스 개발과 수요 창출을 지원하는 메타버스 사회 혁신 센터를 운영하고자 했다.

참고문헌

과학기술정보통신부(2019.10.7). “제11회 정보통신전략위원회 개최 5G+ 시대로의 전환을 가속화하기 위한 주요 정책 발표”. https://www.msit.go.kr/bbs/view.do?sCode=user&mId=307&mPid=208&bbsSeqNo=94&nttSeqNo=2226068

과학기술정보통신부(2020.12.9). “디지털뉴딜 성공의 초석이 될 ‘가상융합경제 발전전략’ 발표”. https://www.msit.go.kr/bbs/view.do?sCode=user&mId=307&mPid=208&bbsSeqNo=94&nttSeqNo=3179684

과학기술정보통신부(2022.1.21). “디지털 신대륙, 메타버스로 도약하는 대한민국!”. https://www.msit.go.kr/bbs/view.do?sCode=user&mId=307&mPid=208&bbsSeqNo=94&nttSeqNo=3181303

미래창조과학부(2016.7.5). “가상현실(VR) 산업 본격 육성”. https://www.msit.go.kr/bbs/view.do?sCode=user&mId=307&mPid=208&bbsSeqNo=94&nttSeqNo=1301402

장민승

성균관대학교 기술경영전문대학원 기술경영학과 박사과정생이다. 서울예술대학교를 졸업한 뒤 성균관대학교 정보통신대학원에서 공학 석사 학위를 취득했다. 서울경제TV와 채널A에서 조연출로 재직했으며, 현재 한국전파진흥협회에서 AI와 가상 융합 세계 관련 사업을 담당하고 있다.